FACULTÉ DE DROIT DE PARIS

DES
DONATIONS ENTRE ÉPOUX

EN DROIT ROMAIN

ET EN DROIT FRANÇAIS

PAR

Léon BONNET

AVOCAT A LA COUR D'APPEL DE PARIS

PARIS

F. PICHON, IMPRIMEUR-LIBRAIRE

14, RUE CUJAS, 14

—

1875

THÈSE

POUR LE DOCTORAT

1998

FACULTE DE DROIT DE PARIS

DES

DONATIONS ENTRE ÉPOUX

EN DROIT ROMAIN

ET EN DROIT FRANÇAIS

THÈSE POUR LE DOCTORAT

PAR

Léon BONNET

AVOCAT A LA COUR D'APPEL DE PARIS

L'acte public sur les matières ci-après sera soutenu le
jeudi 29 avril 1875, à midi

PRÉSIDENT : M. BEUDANT,

SUFFRAGANTS : { MM. VALETTE,
LABBÉ,
LEVEILLÉ, } PROFESSEURS

RENAULT, AGRÉGÉ.

PARIS

F. PICHON, IMPRIMEUR-LIBRAIRE,

14, RUE CUJAS ET 7, RUE VICTOR-COUSIN

1875

A MON PÈRE

A MA MÈRE

DROIT ROMAIN

DES DONATIONS ENTRE ÉPOUX

(D. Livre 24, titre 1)

CHAPITRE PREMIER

DE LA PROHIBITION DES DONATIONS ENTRE ÉPOUX

Ulpien nous apprend que ce fut sous l'empire de l'usage, et non par le fait d'une loi déterminée, que s'établit dans la législation romaine la prohibition des donations entre époux :

« Moribus apud nos receptum est, ne inter vi-
» rum et uxorem donationes valerent (1) ». Plusieurs motifs concourrurent à l'adoption de cette jurisprudence. Il ne faut pas, disait Sextus Cœcilius que

---

(1) L. 10, 24-1.

BO. 85

1

les mariages soient rompus parce que l'époux le plus riche refuse de faire une donation à son conjoint: Ce serait imprimer au mariage un odieux caractère de vénalité qu'il ne doit point avoir. Il fallait éviter aussi que l'union et le bon accord du ménage ne fussent achetés à prix d'argent, et protéger les époux contre l'entraînement d'une passion exagérée (1). C'était, on le voit, une idée de protection basée sur l'ascendant que manque rarement d'exercer l'un des époux sur l'autre, et non une question d'intérêt public qui avait conduit à la prohibition qui va faire l'objet de cette étude : « et sanè, disait Paul, non » amare nec tanquam inter infestos jus prohibitœ » donationis trachandum est, sed ut inter conjunc- » tos maximo affectu et solam inopiam timen- » tes (2) ».

Il est à peu près impossible, en raison de la manière dont s'introduisit dans les lois romaines la prohibition des donations entre époux, de préciser l'époque où eut lieu cette introduction : mais ce qui est hors de doute. c'est qu'au moment où fut portée la loi Cincia (an 550 de Rome) la prohibition n'existait pas encore, puisque les époux sont au nombre des personnes que la loi Cincia excepte de ses dispositions (3). Selon toute probabilité, elle date de l'époque où la dépravation des mœurs et la

(1) LL. 1, 2, 3. pr. 24-1.
(2) L. 28, § 2, 24-1.
(3) *Frag. Vatic.*, § 302.

multiplicité des divorces avaient atteint à Rome ce degré effrayant auquel Auguste essaya de porter remède par les lois Caducaires (1).

Nous étudierons dans deux sections différentes l'étendue de la prohibition et les effets qu'elle produit.

SECTION PREMIÈRE

Cette section renferme l'énumération des personnes auxquelles s'applique la prohibition et les donations qu'elle atteint.

DE L'ÉTENDUE DE LA PROHIBITION

§ 1. *Des personnes auxquelles s'applique la prohibition.*

Dans l'ancien droit romain, la femme tombait en général sous la *manus* dn mari, c'est-à-dire que sa personnalité juridique s'absorbait en celle de son époux, et qu'elle n'était plus considérée vis-à-vis de

---

(1) M. Pellat, *Textes sur la dot*, p. 356.

lui que comme une fille, *loco filiæ* : ne conservant aucun patrimoine, elle était dans l'impossibilité de faire une donation à son mari, et celui-ci ne pouvait pas davantage se montrer libéral envers elle, cer il se serait donné en quelque sorte à lui-même : il ne pouvait donc être question de donation entre époux dans un mariage où la femme se trouvait placée sous la *manus* de son mari.

Cette étrange institution tendit à disparaître des mœurs romaines en même temps que s'élevait la condition de la femme : Horace, Plaute et Térence nous apprennent que la fille dotée ne tombait jamais *in manu* : l'influence du christianisme acheva ce qu'avait commencé l'amour des richesses, et sous Justinien la *manus* était tombée en complète désuétude.

La prohibition commençait avec le mariage : il importerait de déterminer en conséquence à quel moment le mariage prenait naissance : c'est l'objet d'une controverse très-vive entre les commentateurs du droit romain. Les uns voient dans le mariage un contrat purement consensuel, n'exigeant rien autre chose pour sa perfection que le consentement des parties, et ils appuient leur opinion sur l'autorité de nombreux textes (1).

Les autres assimilent au contraire le mariage à un contrat réel qui ne devenait parfait que lorsque

(1) L. 30, 50, 17, 4. 66 pr. 24-1 ; L. 11 ; 23-1 ; L. 15, 35-1. — Ducaurroy, *Inst.* t. 1. — Pothier, *Contrat de mariage*, p. 3 et 153.

la femme avait été livrée à son mari : il faut bien
reconnaître que leur opinion s'appuie sur des textes
non moins nombreux que la première (1). Dans une
troisième opinion qui compte parmi ses partisans
d'éminents jurisconsultes, on suit un système intermédiaire, et tout en reconnaissant que le consentement ne suffit pas à lui seul pour former le
mariage, qu'il faut quelque chose de plus, on se
refuse à admettre que ce quelque chose soit la tradition réelle dont parle M. Ortolan, car Gaius dit
positivement que la femme n'est point un objet de
possession (2) : il faut seulement, ajoute-t-on, que
la femme ait été mise à la disposition de son
mari (3).

Au reste, l'analyse des textes sur lesquels repose
cette controverse et leur examen nous entraîne-
raient hors du sujet de cette étude : qu'il nous suf-
fise de l'avoir indiquée en passant.

Trois conditions étaient requises à Rome pour
pouvoir contracter mariage : la puberté des époux,
leur consentement et celui de la personne sous la
puissance de laquelle ils se trouvaient placés, et
enfin l'aptitude relative de se prendre réciproquement pour époux ou le *connubium*; si l'un de ces

(1) L. 5. — 23-2 ; L. 27. — 24-1 ; L. 4. — 24-7. L. 66, § 1. — 24-1. —
M. Ortolan, *Explieation historique des Instituts.*
(2) Gaius, II, § 9.
(3) M. Demangeat, *Cours de droit romain*, p. 240 ; M. Machelard.
Textss de droit romain sur les donations entre époux, p. 210 ; M. Accarias, *Précis de droit romain*, p. 143-149.

éléments faisait défaut, le mariage était nul : il était donc conforme aux principes que les donations qui pouvaient avoir eu lieu dans le cours de cette union de fait échapassent à la prohibition, puisque les parties ne s'étaient point en réalité trouvées engagées dans les liens du mariage : on les annulait cependant pour ne pas faire à ceux qui avaient enfreint la loi une position meilleure que celle faite à ceux qui l'avaient respectée (1).

Le fisc s'emparait du montant de ces donations, au moins dans les cas où l'empêchement au mamariage n'était point temporaire, comme dans le cas par exemple où un sénateur aurait épousé une affranchie : lorsque c'était au contraire l'impuberté des époux qui formait obstacle à leur mariage, la donation postérieure aux fiançailles était considérée comme faite entre fiancés, et déclarée valable (2).

A côté des *justæ nuptiæ*, il existait à Rome une union d'un ordre inférieur dans laquelle la femme ne jouissait pas du titre et des prérogatives d'épouse, c'était le concubinat ; les donations étaient permises entre concubins, et elles n'étaient même pas révoquées par un mariage subséquent (3). Il est vrai qu'une constitutien d'Antonin le Pieux prohiba les donations faites par les militaires à

---

(1) L. 3, § 1, *h. t.*
(2) L. 32, §§ 27, 28, *h. t.*
(3) L. 3, § 1, L. 58, *præm., h. t.*

leurs *focariæ* (1); mais cette disposition exceptionnelle ne doit être considérée que comme l'une des
nombreuses applications du large système de protection accordé par les lois romaines aux soldats.
Au reste, les libéralités faites à une concubine furent
notablement restreintes par les constitutions des
Empereurs chrétiens (2).

En vertu de l'organisation de la famille romaine,
la prohibition atteignait en outre les personnes
sous la puissance desquelles les époux se trouvaient
placés, celles qui étaient sous leur puissance, et
celles qui étaient sous la même puissance qu'eux-
mêmes.

En effet, le patrimoine de la famille tenant tout
entier dans la main du chef, lorsqu'un époux était
soumis à la puissance de son père, la donation
faite à son père était censée faite à lui-même, aussi
bien que s'il était *paterfamilias*, la donation faite
à ses enfants arrivait directement à lui : en généralisant ce principe, on trouve cinq cas dans lesquels
la donation était prohibée quoique faite à d'autres
personnes qu'à l'époux : on peut dire ainsi que la
prohibition s'appliquait :

1° Entre un époux et la personne dont l'autre
dépendait;

2° Entre un époux et la personne soumise à la
puissance de l'autre;

(1) L. 2, C. — § 16.
(2) L. 11, C., *De nat. lib.*; Nov. 89, C. 12, § 2.

3ᵉ Entre les deux pères de famille ;

4° Entre le chef de l'une des familles et les enfants de l'autre ;

5° Entre les enfants de chacune des deux familles (1).

Le père pouvait donner valablement aux enfants communs et à ses enfants d'un premier lit parce que la mère n'était jamais investie de la puissance paternelle : celle-ci au contraire ne pouvait point donner aux enfants communs ni à ceux que son mari avait eus d'un premier lit : mais rien ne s'opposait à ce qu'elle donnât aux enfants qu'elle avait eus elle-même d'un premier lit, car ceux-ci échappaient à la puissance du mari (2).

Les faits qui, tels que l'émancipation, dissolvaient la puissance paternelle, rendaient aux personnes que nous venons d'énumérer toute faculté de se faire des donations.

L'établissement des *peculia castrensia* et *quasi-castrensia* rétrécit aussi le cercle de la prohibition : ainsi la mère put valablement faire à son fils une donation à son entrée dans les camps ou dans les fonctions publiques, car cette donation ne pouvait être présumée faite au mari (3).

Lorsque Constantin eut créé le *peculium adventitium* qui comprenait les biens que le fils recevait

---

(1) L. 3, §§ 2, 5, 6 et 9, *h. t.*
(2) L. 3, § 4, L. 60, *prœm., h. t.*
(3) L. 3, § 4, *h. t.*

de sa mère soit *ab intestat*, soit par testament, la mère put faire valablement à son fils toute dona-tion (1), au moins quant à la nue propriété, car l'usufruit restait au père.

Les donations faites par un époux à l'esclave de l'autre étaient censées faites à l'époux lui-même, puisque l'esclave acquerrait pour son maître, et prohibées comme telles. Une fois le mariage dissous, les époux reprenaient vis-à-vis l'un de l'autre une entière liberté de disposer à titre gratuit, à condition toutefois que le divorce eût été sérieux et non simulé, *si verum divortium fuisset* (2), et les donations n'étaient pas révoquées au cas où ils auraient repris plus tard la vie commune.

§ 2. — *Des donations atteintes par la prohibition.*

Les éléments dont se composait une donation étaient l'appauvrissement du donateur, l'enrichissement du donataire, et l'*animus donandi* chez la personne qui faisait la libéralité (3).

Avant Justinien, la convention de donner ne conférait par elle-même aucun droit au donataire :

(1) L. 19, C. — 5-16.
(2) L. 44, *h. t.*
(3) M. de Savigny, *Traité de droit romain*, § 142.

la donation ne produisait son effet que lorsqu'elle avait été exécutée soit au moyen d'une tradition, soit au moyen d'une obligation *verbis* ou *litteris* d'une remise de dette ou d'une délégation : ce prince, généralisant une constitution d'Antonin le Pieux qui n'avait trait qu'aux donations entre ascendants et descendants décida que la simple convention de donner serait obligatoire et procurerait au donataire une *condictio ex lege* pour obtenir l'effet de la donation (1). A partir de cette époque, il suffit donc de prouver que le concours des volontés avait eu lieu avant le mariage, pour que la donation fût maintenue.

Si la donation avait eu lieu par interposition de personnes, une distinction était nécessaire : était-ce par le donateur que l'interposition avait été faite? Il fallait que la restitution eût été affectuée avant le mariage, car sinon, le concours des deux volontés se serait produit à une époque où la donation n'était plus possible. Etait-ce par le donataire? La restitution pouvait avoir lieu à quelque moment que ce fût, même une fois le mariage accompli (2).

Outre les donations par lesquelles un époux se dépouillait au profit de l'autre d'un fonds de terre ou d'une somme d'argent , ce qui constitue le type le plus simple et le plus normal d'une libéralité entre-vifs, les textes nous apprennent qu'une foule

(1) M. Accarias, *Précis de droit romain*, p. 683.
(2) L. 5, *præm.*, *h. t.*

d'autres donations plus ou moins indirectes étaient prohibées entre époux.

C'étaient d'abord les donations par omission. Lorsque l'un des époux laissait usucaper son bien par l'autre, en renonçant libéralement à l'action en revendication (1) ; ou lorsqu'il laissait s'éteindre par le non usage une servitude qu'il possédait sur le fonds de son conjoint (2), ou bien encore, lorsque dans une intention de libéralité, il laissait son conjoint défendeur invoquer une exception mal fondée qui aboutissait à une sentence d'absolution prononcée par le juge (3) : dans ces différentes hypothèses les jurisconsultes voyaient autant de donations prohibées.

C'étaient en second lieu les donations déguisées sous l'apparence d'un contrat à titre onéreux. C'est ce qui avait lieu quand les époux dissimulaient une donation sous les apparences d'une vente, ou que le prix de la chose vendue était considérablement inférieur a la valeur exacte de cette chose ; ou lorsqu'ils s'engageaient à ne pas se servir des actions résultant de l'éviction ou des vices cachés : ou encore lorsque le mari exagérait la valeur de la dot en vue de la restitution future pour avantager sa femme, et que celle-ci se contentait d'une estimation.

(1) L. 44, *h. t.*
(2) L. 5, § 7, *h. t.*
(3) L. 3, §§ 12 et 13.

moindre que la valeur réelle pour avantager son mari (1).

En troisième lieu enfin, les donations par personnes interposées ; parmi les différents cas d'interpositions énumérées par les jurisconsultes, nous citerons ceux-ci : un époux a donné l'ordre à son débiteur de payer sa dette entre les mains de l'autre époux, ou bien encore, sachant qu'une personne était sur le point de lui faire une donation, il lui a demandé de la reporter sur son conjoint (2) : dans ces deux hypothèses, le débiteur ou le donateur sont censés avoir remis au premier époux l'objet de la dette ou de la donation, et celui-ci est censé l'avoir restitué à son conjoint : c'est la tradition *brevi manu*, à laquelle il est si souvent fait allusion dans les textes. La femme s'est engagée vis-à-vis du créancier de son mari à la place de ce dernier : Julien nous apprend que cet acte est sans valeur, et qu'en conséquence la femme n'est pas plus tenue que le mari n'est libéré (3) ; il en est de même si la femme, du consentement de son mari, a stipulé du débiteur de celui-ci : la stipulation est nulle et la novation ne s'est pas produite (4).

Les liens d'affection ou de parenté ne faisaient pas présumer l'interposition, ainsi que cela a lieu dans

(1) L. 5, § 5 ; L. 31, § 5 ; L. 7, § 5.
(2) L. 3, §§ 12 et 13.
(3) L. 5, § 4.
(4) L. 39.

le Code civil (articles 911 et 1180) : mais faut-il
dire comme on le fait généralement, que dans les
hypothèses que nous venons d'énumérer, l'interposition devait toujours être prouvée et qu'il n'y
avait pas à Rome de présomption légale d'interposition ? les textes semblent laisser entière cette
question, et, à coup sûr, nous ne nous charge-
rons pas de la résoudre.

Il était défendu au mari de restituer la dot durant
le mariage sans un motif légitime, et s'il l'avait
fait, il devait la revendiquer et avec elle les fruits
et intérêts perçus par la femme depuis la restitution (1).

Plusieurs auteurs ont cru voir dans cette disposition une conséquence de la prohibition des donations entre époux, et ce qui les confirme dans cette
opinion c'est une constitution de Théodose II et
d'Honorius où il est dit : « restitutio... stare non
» potest quia donationis instar perspicitur obti-
» nere (2). » Nous ne partageons pas leur avis; nous
verrons en effet tout à l'heure que les donations de
fruits et d'intérêts étaient permises entre époux,
parce que les revenus étant destinés à être dépen-
pensés d'une façon ou d'une autre, on ne pouvait
pas dire qu'il y eut eu appauvrissemont du donateur.

(1) L. 21, § 1.
(2) Pothier, XIV, h. t.; L. un.,C. — 8-15.

Il faut donc chercher ailleurs la cause de cette prohibition, et nous nous rallions à l'avis de M. Pellat (1) qui la trouve dans la loi première au Digeste, *de jure dotium* ; voici comment s'exprime cette loi : « Dotis causa perpetua est et... ità con-
» trahitur ut semper apud maritum sit. » Si donc le mari ne peut point disposer vis-à-vis de sa femme des fruits même de la dot, c'est que la dot lui a été donnée pour subvenir aux besoins du ménage, que c'est pour lui un devoir constant de l'appliquer selon le vœu de la loi, et qu'il ne saurait s'en départir à moins de raisons majeures.

§ III. *Des donations qui ne sont pas atteintes par la prohibition.*

A côté des donations qui viennent d'être passées en revue dans le paragraphe précédent, et qu'il n'était point permis aux époux de se faire entre eux, les jurisconsultes romains, se relâchant de leur rigueur première, autorisaient une série de libéralités dont, pour une raison ou pour une autre, le caractère semblait se prêter à cet adoucissement : les unes en effet portaient dans leur révocabilité un remède sûr aux entraînements irréfléchis qu'on

(1) M. Pellat, *Dot*, p. 353-375.

redoutait chez les époux ; les autres n'entamaient pas leur patrimoine d'une façon assez sérieuse pour attirer la sollicitude de la loi, d'autres enfin avaient une cause si légitime qu'il y aurait eu une véritable dureté à les prohiber, et on se rappelle que le principe de la prohibition avait avant tout sa source dans une idée de bienveillance et de protection.

C'est ainsi que l'on autorisait entre époux :

1° Les donations à cause de mort ;

2° Les donations à cause de divorce ;

3° Les donations à cause d'exil ;

4° Les donations qui n'appauvrissaient pas le donateur et celles qui n'enrichissaient pas le donataire ;

5° Les donations mixtes ;

6° Les donations entre l'empereur et l'impératrice.

Cette énumération ne comprend ni les libéralités testamentaires, ni les constitutions de dot et les donations *propter nuptias* ; les premières ne devant jamais avoir leur effet qu'à la mort du disposant, c'est-à-dire alors que le mariage est dissous et qu'il n'est plus question d'époux, il nous a paru exact de les laisser en dehors de notre cadre : aucun texte, du moins à notre connaissance, ne s'occupe des libéralités testamentaires pour les présenter comme une exception à la règle de la prohibition des donations entre époux, et si elles furent réduites par les lois *Julia* et *Pappia Poppœa* au moins dans certaines hypothèses, ce fut par un motif tout autre

que celui invoqué par les jurisconsultes pour justifier la prohibition : quant aux secondes, elles
participaient beaucoup plus de la nature des actes
à titre onéreux que de celle des donations, et à ce
compte elles ne doivent point figurer parmi les
exceptions que nous étudions en ce moment.

I. *Donations à cause de mort.* — La donation à
cause de mort d'après Marcellus cité par Julien (1)
pouvait avoir lieu de trois manières : ce pouvait être
ou une donation entre-vifs faite en prévision d'une
mort prochaine, ou une donation subordonnée au
prédécès du donateur ; la première de ces donations
est improprement appelée donation à cause de
mort, car elle ne constitue en définitive qu'une
simple donation entre-vifs. Il y avait donc deux
manières seulement de faire une donation *mortis
causâ :* la donation pouvait être suspendue jusqu'au
prédécès du donateur, ou bien elle pouvait avoir
lieu du vivant du donateur, mais sous la condition
résolutoire du prédécès du donataire. Si la donation
a eu lieu sous condition suspensive, il faut attendre
pour connaître son sort, le décès de l'une des parties : si c'est le donateur qui meurt le premier, la
donation produit tout son effet; si c'est le donataire,
le droit lui-même ne prendra pas naissance, et tout
se passera comme si la donation n'avait pas eu
lieu.

(1) L. 13, § 1. — 39-8.

La difficulté est plus considérable lorsque c'est sous condition résoluroire que la donation *mortis causâ* a été faite : s'agit-il d'une libération, d'une promesse, d'une délégation ? si le donateur prédécède, la donation produira irrévocablement son effet ; si c'est le donataire, ses heritiers seront tenus d'une *condictio* pour remettre les choses dans l'état où elles seraient, s'il n'y avait jamais eu ni créance ni libération acquise à leur auteur (1).

Mais si la donation avait eu lieu sous la forme d'une dation pure et simple, que se passait-il ? le dessaisissement s'était opéré du vivant du donateur, et comme on ne pouvait, du moins dans le droit classique, devenir propriétaire *ad tempus*, il ne restait au donateur, après la mort du donataire, qu'une action personnelle pour contraindre les héritiers de ce dernier à lui retransférer la propriété de la chose donnée : telle était la rigueur des principes. Ulpien, dans la loi 29, *de mortis causà donat* propose, avec quelque hésitation il est vrai, d'accorder au donateur la revendication ; *potest defendi in rem competere donatori*, ce qui revient à dire que la résolution de la donation opérée par la mort du donataire, entraîne de plein droit la résolution du droit de propriété lui-même. Sous Justinien, la doctrine proposée par Ulpien était devenue le droit commun.

---

(1) M. Accarias, *Précis de droit romain*, p, 693-694.

Étant données ces deux formes de la donation à cause de mort, la donation sous condition suspensive et la donation sous condition résolutoire, il est bien évident que la première devait être permise entre époux, car, de même que les libéralités testamentaires, elle était destinée à produire son effet à une époque où le mariage était dissous, et où l'époux survivant rentrait en possession de sa capacité; mais pour la seconde il était plus malaisé d'admettre sa validité, surtout dans le cas ou l'époux donateur avait transféré à l'autre la propriété de la chose donnée; la rétroactivité de la donation résultant bien certainement alors de la volonté du disposant, que devenait cette donation?

Elle paraissait bien rentrer en tous points dans la classe des donations prohibées; l'effet de la rétroactivité étant de faire remonter au jour de la donation la propriété du donataire, on se trouvait alors dans l'hypothèse d'une donation entre-vifs réunissant tous les caractères d'une disposition non autorisée, appauvrissement du donateur, enrichissement du donataire et *animus donandi* de la part du disposant; donc en principe la donation à cause de mort faite dans cette dernière forme aurait due être prohibée entre époux.

Cependant, il ne paraît pas que les effets de cette rétroactivité qui assimilait la donation *mortis causâ* à une donation pure et simple aient arrêté les jurisconsultes : dès cette époque, ils s'efforçaient déjà d'adoucir les conséquences rigoureuses du

principe de la prohibition: c'est ainsi que nous
voyons Ulpien autoriser entre époux les libéralités
pour cause de mort : « Sed quod dicitur, mortis
» causâ donationem inter virum et uxorem valere,
» ità verum est, ut non solum ea donatio valeat,
» secundum Julianum, quæ hoc animo fit, ut tunc
» res fiat uxoris vel mariti, cum mors insequetur
» sed omnis mortis causâ donatio (1) ». Papinien
est encore plus explicite, s'il est possible, et accepte
franchement le principe de la rétroactivité : « si
» mortis causâ inter virum et uxorem donatio
» facta sit, morte secutâ, reducitur ad id tempus
» quo interposita fuit (2). Javolenus suppose qu'un
mari a donné à sa femme *mortis causâ* un esclave;
dans l'intervalle qui s'est écoulé entre le moment
de la donation et la mort du mari, cet esclave a fait
une stipulation et Javolenus décide que le bénéfice
de la stipulation sera acquis à la femme (3) : il faut
en dire autant des legs et des institutions d'héritier dont cet esclave aurait pu être l'objet. Faut-il
voir dans cette opinion de Javolenus l'application
d'un principe général? on répond négativement à
cette question, et on décide que la première règle à
suivre en pareille matière est l'intention des parties : ainsi lorsque la donation aura eu lieu sous
condition suspensive, la rétroactivité se présumera

(1) L. 11, § 1. h. t.
(2) L. 40. — 39-6.
(3) L. 20. — 24-1.

moins aisément : enfin, on écartera entièrement la
présomption de rétroactivité lorsqu'elle sera contraire à l'intérêt de l'époux donataire.

Ulpien énumère quelques cas dans lesquels, en
vertu de cette considération la rétroactivité ne sera
pas admise.

Le mari voulant faire une donation à sa femme,
celle-ci a interposé pour la recevoir leur enfant
commun, encore sous la puissance de son père : à
la mort de ce dernier l'enfant restituera à sa mère
l'objet de la donation : si on eût fait remonter ici
la donation au jour du contrat, elle eût été nulle,
parce que le fils ne pouvait rien recevoir de son
père, à la puissance duquel il était encore soumis :
de même lorsque la femme interposait un esclave
et que cet esclave se trouvait être libre à la mort
du donateur, le bénéfice de la donation au lieu
d'aller au maître de l'esclave était restitué à la
femme en vertu du principe de non-rétroactivité :
en troisième lieu, supposons que le mari fasse une
donation à sa femme encore soumise à la *patria
potestas* de son père : si à la mort de son mari
elle est devenue *sui juris*, l'émolument de la donation qui, avec la rétroactivité, eût appartenu à
son père, sera recueilli par elle : même solution,
au cas où c'est la femme qui fait une donation à
son mari, encore fils de famille (1).

(1) L. 11, §§ 2, 3, 4, 6, *h. t.*

Ulpien semble faire dans ces différentes hypothèses une juste interprétation de la volonté des époux : mais dans le § 5 de la même loi, il parait moins soucieux de respecter cette volonté lorsque, examinant le cas où la femme a donné à son mari quand il était père de famille et qu'il se trouve être fils de famille au moment de son décès, il décide que le montant de la donation appartiendra au père, ce qui n'était probablement pas dans les intentions de l'époux donateur (1).

II. *Donations à cause de divorce.* — Le divorce n'avait pas toujours à Rome le caractère d'une séparation violente et injurieuse pour l'époux répudié : certains motifs qui n'avaient en eux rien de déshonorant, tels que le grand âge, la stérilité, la maladie, l'entrée dans les fonctions sacerdotales pouvaient donner lieu à cette sorte de divorce qui s'appelait le divorce *bonâ gratiâ* (2).

Les époux se quittaient souvent alors en conservant l'un pour l'autre des sentiments de tendre affection, et il était juste que pour adoucir ce que leur séparation pouvait avoir de pénible, il leur fût permis de s'adresser des libéralités réciproques; il n'y avait du reste plus à redouter ici l'entrainement de la passion, et l'on ne devait pas craindre non plus que l'un des époux achetât

---

(1) L. 11, § 5.
(2) LL. 60, 61, 62.

à prix d'argent la paix et la concorde dans son intérieur.

Aussi fallait-il pour que la donation fût valable qu'elle intervînt au moment même du divorce et non dans la prévision d'un divorce futur : « quæ » tamen sub ipso divortii tempore, non quæ ex » cogitatione quandoque futuri divortii fiant (1).

Si l'époux donataire meurt, la donation n'est pas valable, car l'événement en vue duquel elle a été faite n'est plus le même (2). Le divorce qui validait les donations entre époux rendait au contraire nulles les donations à cause de mort qu'ils avaient pu se faire dans le passé (3). Cependant si l'époux persistait dans sa libéralité ou si la réconciliation avait lieu, *si matrimonium instauratur*, la donation était respectée (4).

III. *Donations à cause d'exil.* — La condamnation à l'exil ne dissolvait pas nécessairement le mariage : il subsistait après la déportation ou l'interdiction de l'eau et du feu, si la femme conservait envers son mari la même tendresse qu'auparavant, « si casus in quem maritus incidit non mutet » uxoris affectionem (5). »

Le mari pouvait alors, pour récompenser sa

---

(1) L. 12.
(2) L. 13, *procur.*
(3) L. 11. § 11.
(4) L. 32, §§ 10 et 11.
(5) L, 1, C., *De repudiis.*

femme de sa fidélité et pour la consoler de l'éloi-
gnement, lui adresser une donation (1).

Remarquons qu'il y avait ici une double déroga-
tion aux principes : cette donation était valable
quoique intervenant pendant le mariage, et d'un
autre côté les biens des condamnés étant confis-
qués (loi 1 *de bonis damnatorum*) le mari n'aurait
pu, sans cette tolérance, disposer d'aucune par-
celle de sa fortune en faveur de qui que ce fût : c'est
ainsi que d'après Ulpien, les donations à cause de
mort devenaient nulles lorsque le donateur en-
courrait une condamnation (2).

On avait donc fait fléchir en cette circonstance
une double rigueur du droit. Pothier (3), qui voit
bien dans ces donation *exilii causâ* une faveur accordée à la femme en retour de sa fidélité, *præmium
pudicitiæ*, veut qu'elles n'aient été possibles que
lorsqu'il y avait en même temps divorce : cette
opinion nous paraît formellement contraire aux
textes qui, à côté de la donation *divortii causâ*,
mentionnent en termes exprès la donation pour
cause d'exil, ce qui prouve bien qu'ils ne faisaient
point rentrer l'une dans l'autre : au surplus, un
fragment d'Ulpien tranche d'une façon tout à fait
décisive la question dans le sens que nous indi-
quons : et *placet*, dit en effet ce jurisconsulte, « in

(1) L. 43. — 24-1.
(2) L. 7, *De mort. caus. don.*
(3) Pothier, *Pandectæ*, n°° 23 et 24, *h. t.*

» casum deportationis donationem factam valere,
» quemadmodum in causam divortii : » et cependant, ajoute-t-il aussitôt, le mariage n'est pas
dissous par la déportation, « cum igitur deporta-
» tione matrimonium minime dissolvatur (1). »

IV. *Donations qui n'appauvrissent pas le donateur ou qui n'enrichissent pas le donataire.* — Ces
sortes de libéralités étaient autorisées par la loi,
parce qu'elles ne présentaient aucun danger pour
la fortune personnelle des époux, et qu'elles échappaient à l'un des motifs, le plus important peut-
être, qui avaient fait admettre la prohibition, « ne
» melior in paupertatem incideret deteriorque di-
» tior fieret : » il convient d'ajouter que les jurisconsultes favorisaient extrêmement les époux en
maintes circonstances et ne perdaient pas de vue
le principe posé par Paul et cité au début de cette
étude.

Ils faisaient tout d'abord une distinction plus
subtile que vraie entre les actes par lesquels l'époux
diminuait son patrimoine, et ceux par lesquels il
négligeait de l'augmenter : les premiers étaient pro-
hibés, les seconds ne l'étaient pas; leur unique
préoccupation se bornait à ce que *nihil ex bonis
erogatur.*

C'est ainsi que Terentius Clémens décide que la
donation faite par le mari à sa femme d'une chose

(1) L. 13, § 1.

appartenant à autrui est valable et que celle-ci peut usucaper (1); il est toutefois prudent de rapprocher de ce texte un fragment de Pomponius qui est ainsi conçu : « Si vir uxori, vel uxor viro donaverit : » si aliéna res donata fuerit : verum est quod Tre- » batius putabat si pauperior, is qui donasset non » fieret, usucapionem possidenti procedere (2) : » ainsi, lorsque le donateur n'est pas en état d'usu- caper ce bien, on ne peut pas dire qu'il s'appauvrit en le donnant : lorsqu'au contraire les conditions requises pour l'usucapion se trouvent réunies chez lui, il n'en est plus ainsi, et la donation ne peut avoir lieu (3).

A bien plus forte raison faudra-t-il annuler la donation lorsque le donateur aura acquis ce bien à titre onéreux.

De même si le mari qui avait été institué héritier, ou auquel un legs avait été fait, renonçait à l'héré- dité ou à ce legs pour qu'il profitât à sa femme qui lui était substituée ou qui se trouvait être héritière *ab intestat*, cette renonciation *donationis causâ* était valable (4) : dans cette hypothèse comme dans la précédente, il convient d'apporter un tempéra- ment à la solution donnée : il se trouve renfermé dans le dernier paragraphe de la loi 14, *de fundo do-*

(1) L, 25.
(2) L. 3. — 41-6.
(3) M. Machelard, *Textes de droit romain sur les donations entre époux* p. 524.
(4) L. 5, §§ 13 et 14, *h. t.*

tali,, où Paul décide que si la femme a aussi renoncé en faveur de son mari à un legs qui lui a été
fait *dotis causâ*, cette renonciation est considérée
comme non avenue, et le bien qui fait l'objet du
legs prend quand même le caractère de dotal.

Si le mari, chargé par un fideicommis de restituer une succession à sa femme a négligé de retenir
la quarte Falcidie à laquelle lui donne droit le sé-
natus consulte Trébellien, cet acte ne constitue pas
une donation, et le mari est censé seulement avoir
respecté intégralement la volonté du défunt : « ma-
» gis pleniore officio fidei præstandæ functum ma-
» ritum quam donasse, videri (1). » Enfin si l'un
des époux, sachant qu'une personne veut lui adresser un legs, la prie de reporter cette libéralité sur
son conjoint, cette démarche ne sera pas considérée
comme constituant une donation prohibée (2), à la
différence de ce qui se passait dans l'hypothèse
d'une donation entre-vifs : cette diversité de solution
tient peut-être à ce que la libéralité est beaucoup
plus incertaine dans un legs que dans une donation :
quoiqu'il en soit, les jurisconsultes qui invoquaient
pour annuler la donation entre-vifs la théorie de
la tradition *brevi manu*, valident ici purement et
simplement la libéralité adressée à la femme à la
prière du mari, et ils sont probablement surtout

(1) L. 5, § 15.
(2) L. 31, § 7.

inspirés en cela par une idée de bienveillance et de faveur.

Les donations qui viennent d'être énumérées étaient déclarées valables parce qu'elles étaient censées ne diminuer en rien le patrimoine du donateur, *nihil ex bonis deminuitur* : il en était d'autres qui trouvaient également grâce devant la loi parce qu'elles n'apportaient aucune valeur nouvelle dans le patrimoine du donataire.

C'est ainsi que le mari pouvait valablement donner à sa femme un lieu destiné à une sépulture, celle de l'un de ses parents par exemple : ce lieu, dэvenant *religiosus*, restait en dehors du patrimoine de la femme : il y avait bien en fait un enrichissement réel de cette dernère, puisque sans cette donation elle aurait été obligée d'en acheter un de ses deniers, mais cэtte considération n'arrêtait pas les jurisconsultes, « non idcirco fit locupletior, » quod non expendit (1); » c'est ainsi encore que les époux pouvaient se donner un lieu pour leur propre sépulture; mais tant que l'inhumation n'avait pas été effэctuée; le donateur restait propriétaire du bien donné, et le donataire ne pouvait en faire un usage autre que l'objet auquel il était destiné (2).

Parmi les autres donations permises comme n'en-

1 L. 5, § 8,
2) L. 5, §§ 9 et 10.

richissant pas le donataire, nous citerons les donations faites par la femme à son mari pour qu'il pût
briguer les honneurs publics, donner des jeux au
peuple (1), etc, celles relatives à l'entretien du culte,
à la construction d'un *opus publicum*, celles que le
mari faisait à sa femme pour faciliter l'entrée dans
les fonctions publiques de l'un de ses parents, encore
que la femme eût été obligée sans ces libéralités de
contracter un emprunt pour subvenir à ces dépenses (2), celles qu'un époux faisait à l'autre pour
l'aider à reconstruire ses bâtiments ruinés par l'incendie, les donations d'esclaves sous la condition de
leur affranchissement ; les droits de patronage
qu'acquerrait aussi l'époux donataire n'étaient
point considérés comme une libéralité tombant
sous le coup de la prohibition (3).

Le mari pouvait valablement, lorsqu'il était tenu
in diem envers sa femme, la désintéresser sans attendre le jour de l'échéance, encore qu'il résultât
pour celle-ci un avantage notable de ce paiement
anticipé (4), les époux pouvaient aussi se prêter
leurs esclaves, leurs vêtements, leurs maisons, et
se faire des présents aux calendes de mars et le jour
anniversaire de leur naissance (5).

Les jurisconsultes romains n'étaient pas d'accord

(1) LL. 40, 41, 42.
(2) L. 5, §§ 12 et 17.
(3) L. 13 ; L. 7, § 9 ; L. 8 ; L. 9, *prœm.* et § 1.
(4) L. 31, § 6.
(5) L. 28, § 2 ; L. 18 ; L, 31, § 8.

sur le point de savoir si les donations de fruits,
comme celles d'intérêts devaient être permises
entre époux : Ulpien, dans la loi 17 ne fait pas de
différences entre ces deux genres de libéralités : « et
» Julianus significat, dit-il, fructus quoque, ut
» usuras, licitam habere donationem; mais Marcellus, examinant dans la loi 49 le cas où une femme
a donné un bien à son mari en le chargeant de le
restituer à sa mort à leur enfant commun, répond
négativement à la question de savoir si le mari
pourra en garder les fruits échus, et annule l'opération tout entière, comme donation prohibée, si
cette condition a été apposée par la femme : enfin
Pomponius, dans la loi 45, *de usuris*, propose une
distinction entre les fruits industriels et les fruits
naturels et décide que le mari gardera les premiers
qui sont dus à ses soins et restituera les seconds,
« quia non ex facto ejus is fructus nascitur. »

V. *Donations mixtes*. — La donation pouvait être
adressée à un étranger en même temps qu'à l'é-
poux, ou se trouver mêlée à un acte onéreux (1).
Si l'acte gratuit pouvait être distingué facilement
de l'acte onéreux, comme dans l'hypothèse d'une
vente où le prix aurait été singulièrement abaissé
au-dessous de la valeur de la chose vendue, on sé-
parait les deux actes pour valider l'un et annuler
l'autre, et l'époux donateur était obligé de parfaire

(1) L. 5, §§ 2 et 5.

le prix réel de la vente, si au contraire il devenait impossible d'opérer une semblable distinction, dans le cas, par exemple, où une servitude avait été donnée conjointement à l'époux et à un étranger, où lorsqu'une donation avait été faite sous des conditions qu'il n'était pas aisé d'évaluer en argent, on tranchait la question en faveur de l'époux donataire : « Quod si in obscuro sit, proclivor esse debet » judex ad comprobandam donationem (1). »

VI. *Donations entre l'Empereur et l'Impératrice.*— L'Empereur et l'Impératrice échappaient à la prohibition des donations entre époux par une faveur toute spéciale : « Donationes quas divus imperator » in piissimam reginam suam conjugem vel illa in » serenissimum maritum contulerit, illicô valere » sancimus et plenissimam habere firmitatem (2). »

SECTION II

DES EFFETS DE LA PROHIBITION

La prohibition faite aux époux de disposer entre eux à titre gratuit produit des effets absolus : « Scien-

---

(1) L. 34, § 4,
(2) L. 26, C. — 5-16.

» dum est autem, dit Ulpien, ita interdictam inter
» virum et uxorem donationem, ut ipso jure nihil
» valeat, quod actum est (1). » Il ne se sera même pas
formé une obligation naturelle. C'est ce que le
même jurisconsulte nous apprend un peu plus loin,
en examinant le cas où la femme *donationis causâ*,
a fait une expromission au créancier de son mari et
accéder un fidéjusseur à l'obligation : ni la femme
ni le fidéjusseur ne sont valablement obligés (2), ce
qui n'aurait pas eu lieu si cette promesse avait donné
naissance à une obligation naturelle, car il est certain qu'une obligation naturelle peut être valablement cautionnée par un fidéjusseur.

Nous allons étudier dans trois paragraphes dis-
tincts les effets d'une donation prohibée entre
époux, suivant qu'elle a affecté la forme d'une tradition, d'une promesse ou d'une libéralité indirecte.

§ 1. *Donations par tradition.*

Lorsque la chose donnée avait été livrée et qu'elle
se trouvait encore en nature dans le patrimoine
de l'époux donataire , elle pouvait être reven-
diquée, parce que l'époux donataire n'avait pas

(1) L. 3, § 10. — 24-1.
(2) L. 5, § 4, *h. t.*

cessé d'en être propriétaire, « si donatæ res extant,
» etiam vindicari poterunt (1), » Si l'époux donataire avait élevé une construction sur le terrain qui
lui avait été donné, le donateur acquerrait aussi
par la revendication les batiments élevés, sous
l'obligation toutefois de rembourser à son époux les
dépenses qu'il avait faites (2). On aurait pu objecter que le constructeur étant ici de mauvaise foi
puisqu'il savait bien que la donation à lui faite n'é-
tait pas valable, il n'avait que le droit de revendiquer le matériel au cas où la construction aurait été
démolie ; mais outre que le donataire ne pouvait
pas, à vrai dire, être considéré comme un constructeur de mauvaise foi, puisqu'il avait bâti *sciente
domino*, on se serait mis en désaccord avec la règle
de la prohibition, car l'époux donateur se serait
enrichi de tout ce dont le patrimoine de son conjoint aurait été appauvri par le fait de ces construc-
tions.

Le donateur étant resté propriétaire de la chose
donnée, c'est à ses risques et périls que cette chose
périt ou se détériore : « Si id quod donatum est
» perierit, vel consumptum sit, ejus qui dedit est
» detrimentum, merito, quia manet, res ejus qui
» dedit, suamque rem perdit (3). » Mais si c'était
par le dol ou par la faute du donataire que les

(1) L. 36.
(2) L. 31, § 2.
(3) L. 28, *prœm.*

choses données avaient péri, celui-ci était tenu de
l'action *ad exhibendum* ou de l'acction de la loi
Aquilia, à cause du *damnum injuriâ datum* (1) : à
l'inverse, un possesseur de bonne foi n'aurait pas
été inquiété pour les dégradations par lui commises
sur l'immeuble possédé, car *potuit negligere rem
quam estimabit suam.*

Lorsque le donataire avait employé les matériaux que lui avait donnés son conjoint à une construction sur son propre fonds, en vertu du principe
de la loi des Douze-Tables, *tignum junctum ædibus
ne solvito*, il paraît naturel que le donateur ne pût
les revendiquer, et qu'il s'en tînt à la condiction
résultant de l'enrichissement du donataire : cela
n'était pourtant pas admis par tous les jurisconsultes : Neratius croit que les decemvirs en posant
le principe énoncé plus haut n'avaient en vue que
le cas où les matériaux avaient été employés à l'insu
du propriétaire, et que par conséquent la revendication restait à celui-ci, si cet emploi avait eu lieu
de son propre gré.

Cette étrange solution à laquelle résiste énergiquement le bon sens est, du reste, réfutée par Paul,
qui n'accorde la revendication que lorsque l'édifice
aura été démoli, en faisant remarquer que l'action
ne sera point donnée au double, parce que le *ti-*

(1) L. 37.

gnum n'est point *furtivum, et quod sciente domino inclusum est* (1).

Si au lieu de restituer la chose donnée, le donataire paie la somme qui a été fixée au début de l'instance, et qui doit être dans l'espèce de revendication qui nous occupe l'estimation réelle et non exagérée de cette chose, le donateur devra lui donner caution en cas d'éviction, et cette caution devra être donnée au simple (2) : toutes ces dispositions sont combinées de façon à empêcher que les époux ne transgressent la prohibition ; c'est ainsi que la somme fixée au début de l'instance doit être représentative de la valeur du bien donné, sans quoi l'époux en la payant eût avantagé son conjoint ; c'est ainsi encore que la caution qui est cependant une mesure de faveur exclusive aux époux (3) est donnée au simple et non au double.

Lorsque les choses données ont été consommées et que la revendication n'est plus possible, il reste à l'époux donateur la ressource d'intenter contre son conjoint la « condictio, quatenus locupletior » factus est » : cette *condictio* prend le nom de *condictio sine causâ* ou *ex injustâ causâ* (4). A quel moment faut-il se placer pour apprécier l'enrichissement du donataire? Ulpien répond que c'est au moment de la *litis contestatio*, suivant les principes

(1) L. 63.
(2) L. 36, *præm.*
(3) L. 35, § 2.
(4) L. 2, § 18 ; L. 6.

généraux de la jurisprudence romaine : « Quod au-
» tem spectetur tempus, an locupletiores sint facti ;
» utrum tempus litis contestatæ, an rei judicatæ?
» Et verum est litis contestatæ tempus spectare
» oportere (1) ; » dans le paragraphe 3 de la même
loi, ce jurisconsulte décide que lorsque le fonds
acheté avec l'argent donné a augmenté de valeur,
le donataire ne sera tenu néanmoins de restituer
qu'une somme égale à celle qui a fait l'objet de la
donation. Lorsque les écus donnés se retrouvaient
en nature dans le patrimoine du donataire, la revendication avait lieu ; dans l'hypothèse contraire,
qui était la plus probable, il n'y avait lieu qu'à une
condictio basée sur l'enrichissement du donataire,
et celui-ci n'était point tenu de restituer les objets
achetés avec les écus donnés, parce qu'ils étaient
devenus sa propriété : au reste, Paul admet que
lorsque le mari est insolvable, la femme pourra
exercer sur ces objets une revendication utile :
« nihil prohibet, etiam in rem utilem mulieri in
» ipsas res accomodare (2). »

Gaïus décide à l'encontre de Labéon, que si la
femme a tissé des vêtements avec la laine que lui
a donné son mari, celui-ci aura une revendication
utile (3).

Si la femme à qui son mari a donné dix a acheté

(1) L. 7, præm.
(2) L. 55.
(3) L. 20, § 1 ; L. 30.

avec cet argent un esclave, et que cet esclave ne
vaille plus que cinq, c'est cinq seulement qu'elle
sera tenue de rendre : si l'esclave est mort, elle
n'aura rien à restituer. Si au lieu d'un seul esclave
elle en a acheté deux, et que l'un d'eux soit venu à
mourir, Pomponius propose de distinguer si l'acquisition a eu lieu en une seule fois ou s'il y en a
eu deux : dans le premier cas, il décide qu'il y a
lieu de restituer en entier la somme donnée, dans
le second, l'époux se libérera en restituant la valeur
de l'esclave survivant; si l'esclave acheté a eu des
enfants, s'il a été institué héritier ou s'il a reçu des
legs, la femme doit restituer à son mari tous ces
profits (1). Cette dernière solution qui est de Julien,
paraît en désaccord avec le système général de
bienveillance dont les jurisconsultes entourent les
époux et qui leur fait décider que lorsque la chose
donnée a augmenté de valeur, le donateur ne pourra
obtenir par la *condictio* que ce dont il s'est appauvri, *quatenus pauperior factus est*.

Si la femme a fait l'acquisition d'un fonds partie
avec son argent, partie avec l'argent donné par son
mari, et que ce fonds ait diminué de valeur au moment de la *litis contestatio*, cette perte sera suppor-
tée proportionnellement par chacun des époux;
mais si le mari a donné à sa femme une somme
d'argent destinée à acquitter le prix d'une chose

(1) L. 28, §§. 3, 4 et 5.

achetée et due par elle, la femme devrait néanmoins, au cas où cette chose viendrait à périr, rendre la somme en entier (1).

Lorsque les époux s'étaient fait des donations réciproques, si l'un d'eux s'avisait d'intenter la *condictio* ou la revendication, l'époux défendeur pouvait opposer la compensation, alors même que son conjoint demandeur avait dissipé le montant de la donation qu'il avait reçue : mais la compensation ne pouvait pas avoir lieu entre une donation illicite et une donation permise. (2)

Quand le mari donateur était actionné par la femme en restitution de dot, il pouvait opérer la rétention *ob res donatas*, et garder par devers lui la valeur de la donation qu'il avait faite à sa femme.

Ajoutons en terminant que lorsqu'un bien se trouvait dans le patrimoine de la femme sans qu'on en connût l'origine, elle était présumée l'avoir reçu de son mari : c'était dans l'intérêt de sa réputation qu'on en décidait ainsi. (3)

(1) L. 7. §§ 4 et 7.
(2) L. 7, § 2; I., 48.
(3) L. 51.

§ 2. *Donations par promesse ou par acceptilation.*

Lorsque les donations entre époux affectent la forme d'une promesse ou d'une acceptilation, le donateur n'a pas même besoin d'invoquer le secours d'une exception pour repousser la prétention de son conjoint : l'opération est nulle de plein droit : « Si stipulanti promissum sit, vel accepto latum, » nihil valet : ipso enim jure, quœ inter virum et » uxorem donationis causâ geruntur, nullius mo- » menti sunt (1). » Toute stipulation est donc nulle, et si l'époux créancier a fait acceptilation à l'époux débiteur, celui-ci n'est point libéré.

Cette solution si simple se complique un peu lorsque la femme (nous la supposons débitrice) a un codébiteur solidaire, un *correus promittendi* : Ulpien nous apprend que dans ce cas lorsque l'acceptilation a été faite à la femme, la dette demeure entière et aucun des débiteurs n'est libéré : si c'est au *correus* de la femme qu'elle a été faite, il se trouvera libéré, et la femme demeurera seule obligée (2).

M. Demangeat fait remarquer avec beaucoup de raison que cette solution n'est exacte qu'autant

(1) L. 3, § 10.
(2) L. 5, § 5.

qu'aucun contrat de société n'est intervenu entre les *correi promittendi* : dans le cas contraire, la femme restée seule chargée d'acquitter la dette recourra contre son *correus* par l'action *pro socio*, en sorte que celui-ci n'aura retiré aucun bénéfice de l'acceptilation ; il est donc probable que dans cette occurence, la femme se trouvera libérée au moyen de l'acceptilation, aussi bien que son codébiteur (1).

Voët, (2) s'appuyant sur deux textes assez concluants, (3) est d'avis que lorsque l'acceptilation s'adresse à d'autres qu'au conjoint, elle produit un pacte de *non petendo*, dont l'effet est personnel aux *correi* et dont le conjoint débiteur ne peut se prévaloir : dans l'un de ces textes, la loi 3, paragraphe 3, de *liber. leg.*, Ulpien décide en effet que lorsqu'un testateur qui avait deux *rei promittendi* a légué à l'un d'eux sa libération, celui-ci peut obtenir de l'héritier à défaut d'une acceptilation qui anéantirait la créance, un pacte personnel de *non petendo* ; mais il ajoute aussitôt que s'ils sont *socii*, ce pacte devient inutile et qu'une acceptilation seule peut libérer valablement le légataire.

(1) M. Demangeat, *Traité des obligations solidaires en droit romain;* pp. 30 et suivantes.

(2) Voët, *ad Pandectas, h. t.* nº 8.

(3) L. 3, § 2. — 34-6 ; L. 8, *prœm.* — 46-4.

§ 3. *Des Donations indirectes.*

Lorsqu'un époux avait laissé s'éteindre la servitude qu'il avait sur le bien de l'autre époux, cette abstention constituait de sa part une libéralité prohibée, et il pouvait exercer la *condictio* contre son conjoint (1).

D'après un fragment de Paul, le propriétaire qui a laissé usucaper son bien, a opéré une véritable aliénation : « alienationis verbum usucapionem » continet.... alienare videtur qui patitur usucapi (2). »

Neratius, dans un texte que nous allons en entier, examine la solution qu'il convient de donner lorsqu'un époux a usucapé le bien de l'autre : « Si extraneus rem viri ignorans ejus esse, » ignoranti uxori ac ne viro quidem sciente eam » suam esse donaverit, mulier recté eam usucapiet, » sed si vir rescierit suam rem esse priusquam » usucapiatur, vindicare que eam poterit nec volet, » et hoc et mulier noverit, interrumpetur posses- » sio : quia transiit in causam ab eo factæ donatio- » nis ipsius mulieris scientia. Propius est ut nul-

(1) L. 5, § 6.
(2) L, 28. *præm.* — 40-16.

» lum adquisitioni dominii ejus adferat impedi-
» mentum : non enim omnimodo uxores ex bonis
» virorum, sed et causâ donationis ab ipsis factœ
» acquirere prohibitæ sunt. (1) » Un étranger a
donné à la femme la chose du mari à l'insu de ce
dernier : la femme ignore elle-même l'origine de ce
bien : usucapera-t-elle ? Neratius répond affirmativement. Mais avant que l'usucapion ne soit accomplie, le mari et la femme viennent à découvrir que
la chose possédée appartient au mari. Neratius
décide alors que la possession sera interrompue et
l'usucapion devenue impossible ; puis, après avoir
donné sans hésitation cette solution, ce jurisconsulte, dans la phrase suivante *propius est* etc.... en
donne une toute contraire et décide que rien ne
s'oppose à ce que l'usucapion s'achève tranquille-
ment. Il est probable que ce texte a été fort malen-
contreusement altéré en passant par les mains des
commissaires de Justinien : M. de Savigny (2)
propose d'en rétablir le sens au moyen d'une ponc-
tuation nouvelle : le point qui se trouve placé après
mulieris scientia doit être porté un peu plus haut,
et la première phrase doit s'arrêter à ces mots *ab
eo factæ donationis* : ainsi modifié, le fragment de
Neratius cesse de contenir cette inexplicable con-

(1) L. 44.
(2) M. de Savigny, *Traité de droit romain*, t. IV, appendice IX,
n⁰ˢ 5 et suivants. M. Machelard, *Textes sur les donations entre époux*,
pp. 256-263.

tradiction, et il présente trois hypothèses qu'il con-
convient d'examiner successivement.

1ʳᵉ *Hypothèse.* Les deux époux ignorent l'un et
l'autre que le bien appartient au mari : dans ce cas
l'usucapion aura lieu : rien ne s'y oppose en effet,
puisqu'elle repose sur une juste cause et que le
mari n'a point eu l'intention de s'appauvrir pour
avantager sa femme, *l'animus donandi.*

Deuxième hypothèse. La femme seule découvre
l'origine du bien : elle l'usucapera néanmoins, parce
que la prohibition ne porte que sur les donations
et non sur les choses acquises autrement : « Ipsius
» mulieris scientia, proprius est nullum adquisi-
» tioni dominii ejus adferat impedimentum : non
» enim omnimodo uxores ex bonis virorum sed ex
» causâ donationis ab ipsis factæ adquirere pro-
» hibitæ sunt. » La femme devient, il est vrai, de
mauvaise foi dans la possession, mais elle a été de
bonne foi au début, et cela suffit.

Troisième hypothèse. La femme a commencé à
posséder, lorsque elle et son mari découvrent que
le bien appartient à ce dernier : la possession, nous
dit Neratius, est alors interrompue, car l'opération
se transforme aussitôt en une donation, « inter-
» rumpetur possessio, quia transiit iu causam ab
» eo factæ donationis : la femme est censée avoir
restitué le fonds à son mari qui, à son tour, le lui a
remis de nouveau ; c'est la tradition *brevi manu*
dont nous avons déjà parlé.

Il existe une quatrième hypothèse sur laquelle

la loi 44 reste muette : c'est c'est celle où le mari seul découvre que le bien lui appartient : mais si la loi ne décide rien explicitement sur ce point, on peut néanmoins tirer de ses termes, au moyen d'un argument *a contario*, la solution demandée : Nératius déclare en effet que lorsque le mari a découvert l'origine du bien possédé par sa femme et que celle-ci l'a appris elle-même, *et hoc et mulier noverit*, l'usucapion ne pourra avoir lieu : c'est dire implicitement qu'elle aura lieu si le mari seul vient à le savoir.

Il ne pourra donc point revendiquer son bien, mais il aura une *condictio* pour recouvrer la valeur dont son conjoint se sera enrichi à ses dépens : il y a, ce nous semble, une analogie parfaite entre ce cas et celui où le mari a laissé s'éteindre une servitude qu'il avait sur le fonds de sa femme : M. de Savigny décide que le mari n'aura pas même cette *condictio*, car, dit-il, il y a ici de plus que dans l'hypothèse d'une servitude éteinte un fait juridique, la possession de la femme, et que celle-ci ne doit pas être dépouillée à son insu d'une propriété acquise et sur laquelle elle compte légitimement. Mais n'y a-t-il cependant pas là un enrichissement d'un côté et un appauvrissement de l'autre, et le mari n'a-t-il pas pu avoir au moment où il a découvert que sa femme possédait son fonds l'*animus donandi*, ce qui compléterait bien les caractères d'une donation prohibée ?

Lorsque l'un des époux aura, en négligeant de se

servir d'une exception qui lui eût donné gain de cause, procuré à son conjoint les bénéfices d'une sentence judiciaire, il pourra au moyen d'une *condictio* anéantir les effets de cette libéralité (1). Depuis que la durée des actions réelles et personnelles avait été limitée par Théodose II et Anastase à trente ou quarante ans, les époux pouvaient trouver dans leur abstention un moyen indirect de se faire des libéralités : aussi croyons-nous que, malgré la *præscriptio temporis*, l'obligation née entre les époux ne s'éteignait point, et que l'époux créancier pouvait valablement actionner l'époux sans craindre de se voir repoussé par une exception.

Si les époux avaient déguisé leurs donations sous l'apparence d'actes à titre onéreux, voici quel était le sort de ces opérations; lorsque la donation avait eu lieu sous le couvert d'une vente, la prétendue vente était nulle : « Neratius (cujus opinionem » Pomponius non improbat) ait venditionem, dona- » tionis causâ, inter virum et uxorem factam, nul- » lius esse momenti : » (2) si l'époux vendeur avait fait remise d'une partie de la dette, cette remise était non avenue, et il conservait la *condictio* mesurée sur l'enrichissement de son conjoint. C'est ainsi que lorsque le mari avait vendu à sa femme pour cinq une chose qui valait quinze et dont la valeur au moment de la *litis contestatio* était tombée

(1) L. 5, § 7.
(2) L. 5, § 5.

à dix, la femme ne devait rendre que cinq, parce
que son enrichissement ne dépassait pas ce chiffre :
s'il était intervenu à la suite de la vente un pacte
de non petendo, ce pacte ne procurait pas à l'époux
acheteur l'exception *pacti conventi*, de même que la
renonciation faite par celui-ci aux actions (1) edili-
tiennes et *ex empto* était nulle et sans effet. Si le
mari pour avantager sa femme avait exagéré la valeur des biens dotaux en vue d'une restitution future, ou si la femme, dans un même but de libéralité en avait amoindri l'estimation, un rescrit
impérial permettait au mari de rendre et à la femme
d'exiger les biens dotaux eux-mêmes sans tenir
compte de ces appréciations inexactes (2).

Si les époux employaient pour s'avantager l'un
l'autre le concours de personnes interposées, la loi
dans ce cas, comme dans les précédents, annulait
toute opération servant à abriter une donation prohibée.

Ainsi lorsque le mari avait donné l'ordre à son
débiteur de s'acquitter entre les mains de sa femme,
Celsus et Ulpien, décomposant l'opération, admet-
taient bien que le débiteur fut libéré, mais décidaient
que les écus appartenaient au mari et non à la
femme : « debitorem liberatum et nummos factos ma-
» riti non uxoris : » c'était une nouvelle application
de la tradition *brevi manu* dont les exemples se ren-

(1) L. 31, § 5.
(2) L. 7. § 5.

contrent à chaque pas dans les fragments d'Ulpien :
en conséqueuce, le mari exerçait la revendication ou
la *condictio*, suivant que les écus avaient été ou non
consommés : même décision au cas où le mari, sachant qu'une personne avait l'intention de lui faire
une donation, la priait de reporter sa libéralité sur
sa femme; « perindè habendum, atque si ego ac-
» ceptam, et reus meam factam uxori mæ dedis-
sem » (1).

Si le débiteur du mari, sur l'ordre de celui-ci, s'est
engagé envers la femme pour se libérer, cette stipulation est nulle; s'il avait payé, il pouvait ou revendiquer les écus ou se désintéresser envers le mari
en lui cédant la *condictio indebiti* qu'il avait contre
la femme : Julien ajoute que si les écus ont été consommés, le mari ne pourra plus agir contre sa femme
que *quatenus locupletior facta sit* (2).

Enfin, si la femme avait nové par expromission
la dette de son mari, cette stipulation était nulle et
le mari restait obligé (3); les jurisconsultes, on le
voit, fidèles à leur système de protection décou-
vraient dans des actes en apparence onéreux l'intention de libéralité des époux et appliquaient,
malgré l'étiquette, le principe de la prohibition aux
donations indirectes comme à celles qui se faisaient
ouvertement.

(1) L. 3, §§ 12 et 13.
(2) L. 5, § 3; L. 39.
(3) L. 5. § 4.

CHAPITRE II

DU SÉNATUSCONSULTE RENDU SOUS SEPTIME-SÉVÈRE·ET ANTONIN CARACALLA

La prohibition des donations entre époux avait été introduite dans la législation romaine pour protéger à la fois la dignité des époux etleur intérêt : mais l'application de ce principe était bien souvent rigoureuse et il y avait une véritable dureté à refuser à une personne le droit de se montrer généreuse envers l'être qu'elle affectionnait peut-être le plus au monde, alors qu'elle pouvait couvrir de ses libéralités des étrangers ; c'est pour remédier à cette anomalie que l'an 206 après Jésus-Christ l'Empereur Septime-Sévère et son fils Caracalla qu'il avait associé à l'empire, modifièrent par un sénatusconsulte la jurisprudence en honneur jusqu'à ce jour.

L'Oratio débutait en ces termes : « Fas esse eum
» quidem qui donavit pænitere, heredem vero
» eripere forsitan adversùs voluntatem supremam
» ejus qui donaverit, durum et avarum esse (1). »
La donation est donc valable si le donateur meurt

(1) L. 32, § 2.

sans l'avoir révoquée, et les héritiers sont obligés
de la respecter ; elle était assimilée aux donations
mortis causâ et elle subissait par conséquent la réduction de la loi Falcidie à laquelle une constitution
de Sévère et d'Antonin avait assujetti ces dernières (1).

On a prétendu qu'il fut rendu deux sénatuscon-
sultes sur cet objet, l'un par Septime-Sévère,
l'autre par Antonin Caracalla, et les textes semblent
attribuer en effet tantôt à l'un tantôt à l'autre de
ces deux empereurs la réforme dont nous nous occu-
pons (2) ; cependant la loi 5 du Code. *de don. inter
virum et uxorem* nous paraît opposer à cette opinion un argument décisif ; Caracalla y parle en
effet de la Constitution de *son père et de lui* comme
confirmant certaines donations. Cette confusion
naît du reste de ce que Septime-Sévère avait de son
vivant associé son fils à l'Empire.

A la différence des donations à cause de mort
auxquelles le sénatusconsulte les avait assimilées,
les donations entre époux devaient être insinuées
si elles dépassaient le taux fixé, 200 solides avant
Justinien et 500 après lui ; à défaut de cette formalité, la donation était nulle pour l'excédant (3).

(1) L. 32, § 1 ; L. 5, C. — 6-50.
(2) L. 23, L. 2, *prœm.* ; L. 32. *prœm* . ; LL. 3 et 10, C. — *De don. int.
virum et ux.*
(3) L. 25, C. — *De don. int. vir. et ux.*

§ 1. *Des donations auxquelles s'appliquait le sénatusconsulte.*

Le sénatusconsulte faisait disparaître les prohibitions de donner qui existaient entre les différents membres des deux familles dont chacun des époux faisait partie: ainsi le beau-père put donner à son gendre ou à sa bru, et réciproquement le père ou le frère de l'un des époux au père et au frère de l'autre. Lorsque le père du mari avait fait une donation à la femme, c'était par la mort du mari qu'elle se trouvait confirmée : « ut igitur valeat douatio ista, Pa-» pinianus exigit, ut filius ejus qui donavit antede-» cesserit, et socer postea, durante voluntate (1). » S'il y avait eu interposition d'un tiers chargé de remettre à l'époux donataire l'objet de la donation et que le donateur fût mort avant que la restitution n'eût eu lieu, il fallait distinguer par qui le tiers avait été interposé : était-ce par le donateur? Le concours de volontés ne pouvait pas s'être formé entre les époux, rien n'était fait et la restitution devait s'opérer entre les mains des héritiers du donateur, et non entre celles de l'époux survivant: était-ce par le donataire? rien ne s'opposait alors à ce

(1) L. 32, §§ 15 et 16.

4

que la restitution s'opérât après la mort du donataire.

Le sénatusconsulte validait les donations par
tradition et les donations indirectes accomplies par
omission ou autrement : c'est là un point qui n'est
contesté par personne : mais il s'éèlve une très-vive
controverse, sur la question de savoir si le senatusconsulte s'étendait aux donations par promesse ou
par acceptilation.

Pour l'affirmative, qui est, croyons-nous, l'opinion qu'il convient de suivre, on invoque plusieurs
textes : c'est d'abord la loi 32, § 1, dans laquelle
Ulpien s'exprime ainsi : « Oratio autem imperatoris
» nostri de confirmandis donationibus non solum
» ad ea pertinet quæ nomine uxoris a viro com-
» parata sunt, sed ad omnes donationes inter virum
» et uxorem factas : ut ipso jure res fiant ejus cui
» donatæ sunt, et obligatio sit civilis » : plus loin, il
ajoute : « sive autem res fuit quæ donata est sive
» obligatio remissa, potest dici donationem effectum
» habituram, utputa uxori acceptum tulit donatio-
» nis causa, quod debeat... et generaliter universæ
» donationes quas impedire diximus ex oratione
» valebunt (1) ».

Le même jurisconsulte décide que lorsque la femme
a stipulé de son mari une annuité et que celui-
ci est mort avant elle, la stipulation produit son ef-

(1) L. 32, § 23.

fet, « posse dici stipulationem confirmari ex senatus
» consulto,» et il reproduit quelques lignes plus loin
sa pensée sous une forme différente en examinant
le cas où c'est le mari qui a stipulé de sa femme
l'annuité, « dicendun erit ex oratione donationem
» convalescere (1) ». Enfin une constitution de l'Empereur Alexandre-Sévère nous apprend que si le mari
dans une intention libérale reconnaît avoir reçu une
dot plus considérable que celle qui a été effective-
ment apportée et meurt sans s'être démenti, la
femme pourra réclamer cette augmentation aux héritiers du mari (2). A ces textes si précis et si concluants, on oppose un seul texte, mais qui, il faut
bien le reconnaître, tel qu'il est rédigé, est bien fait
pour jeter le trouble dans cette discussion ; il appartient à Ulpien. Ce jurisconsulte, dont nous venons d'exposer la doctrine si claire et si peu ambi-
guë, s'y contredit cependant formellement dans les
termes suivants : « Papinianus rectè putabat oratio-
» nem divi Severi ad rerum donationem pertinere :
» denique si stipulanti spopondisset uxori suæ, non
» putabat converini posse heredem mariti, licet du-
» rante voluntate maritus decesserit (3) ». Ainsi
Ulpien approuve Papinien, *recte putabat*, qui
pense que le sénatusconsulte n'a trait qu'aux dona-

(1) L. 33, *præm.* et § 2.
(2) L. 2, C., *De dote cauta.*
(3) L. 23.

tions par tradition, et non aux donations par promesse.

Les adversaires du système que nous adoptons, prenant pied de cette loi 23, la présentent comme le droit commun et tentent d'expliquer par des hypothèses plus ou moins ingénieuses les décisions contradictoires d'Ulpien citées plus haut.

C'est ainsi que pour écarter le sens si net et si précis de cette expression *et obligatio sit civilis*, ils ont imaginé de dire qu'elle se rapportait à une obligation exécutée par tradition ou de toute autre manière : mais outre que ces mots seraient alors sans portée dans le fragment précité, puisqu'ils ne feraient que répéter sous une forme obscure ce que le jurisconsulte a déjà énoncé si clairement, qui ne sait que lorsqu'une obligation a été exécutée, elle a cessé d'exister? Il est donc impossible qu'Ulpien ait voulu, en se servant de ces mots : *et obligatio sit civilis*, valider un fait, une exécution accomplie. Pothier (1) donne cette interprétation à la loi 33 et prétend qu'elle ne fait qu'empêcher la répétition de l'annuité payée pendant le mariage : mais puisque cette loi donne à l'époux l'action *ex stipulatu* lorsque son conjoint est mort sans avoir révoqué, il est bien évident que l'annuité n'a pas encore été payée.

Cujas et après lui Pothier pensent que le juriscon-

(1) *Pandectas, h, t.*, n° **63**.

sulte fait allusion au cas où l'un des époux a cédé à l'autre une créance, l'a constitué *procurator in rem suam* : tant que dure le mariage, le cessionnaire n'a aucun droit vis-à-vis du cédé ; une fois le mariage dissous par la mort de l'époux donateur, l'obligation devient *civilis* entre le cédé et l'époux cessionnaire : cette solution pourrait être contestée au point de vue des principes du droit romain, et dans tous les cas si l'expression si large d'Ulpien se rapportait à une hypothèse aussi restreinte, il faut avouer que ce serait là un véritable logogriphe livré par ce jurisconsulte à la perspicacité des commentateurs.

D'autres interprètes prétendent que si la remise d'une dette est validée par le senatusconsulte, *sive obligatio remissa*, c'est qu'il faut voir dans cette opération une tradition *brevi manu* ; sans vouloir faire remarquer combien est complaisant cet argument de la tradition *brevi manu* qu'on trouve toujours à sa portée dans les solutions délicates, nous répondrons tout simplement par ce syllogisme d'une simplicité extrême que nous fournit la suite de ce fragment. Ulpien ajoute en effet comme conclusion de son émunération, *et generaliter universæ donationes quas impediri diximus ex oratione valebunt;* les donations par promesse rentraient dans la prohibition, elles ont donc été comme les autres confirmées par le senatusconsulte.

Mais si ces arguments des adversaires de l'opinion que nous soutenons sont peu faits pour nous em-

barrasser, il n'en est pas de même de la loi 23, avec
son affirmation très-nette, *Papinianus rectè putabat :* on a tenté par différents moyens de faire disparaître la contradiction où elle met Ulpien avec
lui-même. Les uns ont résolument effacé de ce texte
le mot *rectè* qui cause toute la controverse; ainsi
modifié, ce fragment d'Ulpien ne serait plus qu'un
exposé sans commentaires de la doctrine de Papinien sur la question : nous verrons tout à l'heure que
ce procédé qui paraît au premier abord trop com-
mode peut assez aisément se justifier.

D'autres, reconnaissent qu'il fût rendu deux sena-
tusconsultes, l'un par Septime Sévère, l'autre par
Antonin Caracalla, et que les donations par promesse ne furent validées que par le second ; la prétendue contradiction s'explique alors sans peine; la
loi 23 a été écrite dans l'intervalle des deux senatus
consultes, et les autres fragments d'Ulpien après le
second : nous avons réfuté d'avance ce système en
prouvant qu'il n'avait existé qu'un seul et même
senatusconsulte sur ce sujet.

D'autres commentateurs proposent l'explication
suivante : il est probable qu'Ulpien, qui approu-
vait la première proposition de Papinien ne rapportait la seconde que pour la critiquer, et que
Tribonien et ses collègues, fidèles au système
d'exclusion qui frappait les notes d'Ulpien sur Papinien, avaient supprimé cette critique sans modifier les autres textes de ce jurisconsulte.

D'après M. Machelard (1), les commissaires de Justinien en supprimant la réfutation que faisait Ulpien de l'opinion de Papinien rapportée par lui auraient interpolé le mot *recté* dans la première partie du texte, sans songer que les Pandectes contenaient d'autres fragments contradictoires.

Quoiqu'il en soit, on voit que la question était débattue entre les jurisconsultes; Justinien la trancha en faveur de l'opinion soutenue par Ulpien, et à partir de ce moment les donations par promesse furent sans conteste et aussi bien que les autres confirmées par le prédécès du donateur.

§ 2. *Des causes qui s'opposent à la confirmations.*

Les effets de la donation sont tenus en suspens jusqu'à la mort de l'un des époux; si c'est le donataire qui prédécède, tout est annulé; si c'est le donateur, la donation sortira tout son effet et rétroagira au jour où elle a été faite, à moins qu'elle n'ait été anéantie dans l'intervalle par une des causes énumérées par les jurisconsultes, telles que la révocation, la captivité etc. Il convient donc d'examiner, après avoir indiqué les effets produits sur la donation

(1) M. Machelard, *Textes sur les donations entre époux*, p. 280.

par le prédécès du donataire, les différents obstacles
qui s'opposent à la confirmation de la donation. Ce
sont : la révocation du donateur, le divorce, la
captivité de l'un des époux, et quelques autres de
moindre importance qu'il suffira de citer.

I. PRÉDÉCÈS DU DONATAIRE

Ainsi qu'on l'a vu plus haut, le sénatusconsulte, en assimilant désormais les donations entre
époux aux donations à cause de mort leur avait
donné les deux caractères de ces dernières, la révocabilité et la caducité pour prédécès du donataire;
c'est ainsi que la donation entre époux a besoin
pour produire son effet de rencontrer la personne
du donataire pour se fixer irrévocablement sur elle ;
si celui-ci meurt avant le donateur, la donation
s'évanouit et il ne peut plus être question de confirmation. Si les deux époux avaient péri dans le même
événement, dans un naufrage ou dans un incendie
par exemple, il fallait rechercher quel était celui
qui était mort le premier; s'il était impossible de le
savoir, alors, nous dit Ulpien, on validait la donation
parce qu'il n'était pas prouvé que le donataire eût
prédécédé, et que c'était là une condition exigée par
le sénatusconsulte pour la caducité de la donation :
« ait enim Oratio si prior, vitâ decesserit qui don-

» natum accepit? non videtur autem vitâ prior
» decessisse qui donatum accepit, cum simul de-
» cesserint » (1); si les époux s'étaient fait des
donations mutuelles, comme il était impossible de
savoir quel était celui qui avait survécu à l'autre, on
validait les deux donations.

Lorsqu'une femme avait fait une donation à son
beau-père et que celui-ci venait à mourir, la donation était-elle caduque? Il fallait distinguer si le
mari était ou non héritier de son père. Dans le premier cas, il se formait entre le mari et la femme
comme une nouvelle donation subordonnée au prédécès de l'un des époux ; mais si le mari ne succédait pas à son père, la donation devenait caduque,
car il n'était certainement pas entré dans l'esprit
de la femme d'avantager à l'encontre de son mari
les héritiers de son beau-père (2).

Ulpien ne prévoit pas le cas où le mari ne succédait que pour partie au donataire : il se peut que
dans cette troisième hypothèse la donation fût caduque pour la partie qui échappait au mari et
valable (sauf révocation bien entendu) pour celle
qui lui revenait : on pourrait même soutenir qu'elle
était valable pour le tout. Ulpien dit en effet qu'une
nouvelle donation se formait entre le mari et la
femme, et rien n'empêchait que cette donation nouvelle ne portât sur l'ensemble des valeurs que com-

(1) L. 32, § 14.
(2) L. 38, § 18.

prenait l'ancienne, aussi bien que sur la partie recueillie par le mari comme héritier de son père.

Lorsque l'époux donataire devenait l'esclave d'un particulier, la donation était caduque, car son bénéfice aurait été recueilli par le maître, ce qui était probablement loin de l'intention du donateur ; si c'était celui-ci qui devenait esclave, bien que l'esclavage fut l'image de la mort, *quamvis morti servitus comparetur*, la donation s'éteignait, parce que le donateur perdait à ce momeut la plénitude de ses droits (1).

II. DE LA RÉVOCATION

Jusqu'à sa mort le donateur pouvait révoquer la libéralité qu'il avait faite à son conjoint. Aucune limite n'était tracée à sa volonté, et le sort de cette donation dépendait uniquement de son pur caprice. S'il avait manifesté durant sa vie des intentious contradictoires au sujet de cette libéralité, s'il l'avait validée et révoquée tour à tour, on devait s'en tenir à la dernière manifestation de sa volonté, *ad supremum spectemus judicium*, et lorsqu'elle était douteuse, ce doute s'interprêtait en faveur du maintien de la donation : « Quod si in obscuro sit, proc-

(1) L. 32, § 6.

» livior esse debet judex ad comprobandam dona-
» tionem (1). »

Si le donateur disposait de la chose donnée, soit
par acte entre vifs, soit par testament, il indiquait
bien clairement en agissant ainsi son intention de
révoquer : on reconnut également cette intention
dans le fait d'hypothéquer la chose donnée, mais
Ulpien se hâte de nous dire que si, tout en hypo-
théquant le bien donné, le donateur avait voulu
maintenir la donation, sa volonté devait être respectée. Le donataire pouvait alors conserver la chose
donnée en désintéressant le créancier, et il avait
même le droit de se faire céder par lui ses actions (2).

Lorsqu'on instituait comme héritier son propre
esclave, il devenait libre et héritier nécessaire;
lorsqu'on instituait l'esclave d'autrui, il restait esclave et acquérrait l'hérédité pour son maître. Cela
posé, Ulpien suppose qu'un donateur a institué
pour son héritier l'esclave dont il a fait don à son
conjoint. Si, en faisant cette institution, il a manifesté le désir de révoquer sa libéralité, *si quod donationis se dixit pœnituisse*, l'institution est valable,
la donation révoquée et l'esclave deviendra l'héritier nécessaire du donateur ; mais si la donation a
eu lieu après l'institution de l'esclave pour héritier, elle sera valable, et l'hérédité sera recueillie
par le donataire (3).

(1) L. 32, §§ 3 et 4.
(2) L. 32, § 5.
(3) L. 22.

III. DU DIVORCE

Ulpien déclare que la donation à cause de mort était infirmée par le divorce des époux, « Julianus » scripsit infirmari donationem nec impendere (1) », et dans un autre fragment, il ajoute que pour que le divorce n'amenât pas la caducité de la donation entre époux, il fallait que l'intention du donataire fût formelle : cela se conçoit aisément, car en pareil cas il y avait de fortes présomptions pour que l'époux donateur fût revenu sur sa générosité; du reste, la solution était la même, que le divorce eût eu lieu *bonâ gratiâ* ou *cum irâ* (2).

S'il se glissait entre les époux quelque ressentiment, quelque froideur (*fribusculum*), ou s'il y avait eu entre eux séparation de fait, la donation n'était pas révoquée. En effet, cette froideur pouvait n'être que passagère, et cette séparation pouvait être le résultat de certaines circonstances qui n'avaient changé en rien l'affection réciproque des époux, telles que des fonctions publiques exercées par le mari (3). Lorsque les époux divorcés reprenaient la vie commune, et que la volonté du dona-

(1) L. 10, § 11.
(2) L. 32, § 10.
(3) L. 32, §§ 12 et 13.

teur était restée la même, la donation se trouvait confirmée (1).

Marc-Aurèle et Antonin-le-Pieux avaient enlevé au père de l'un des époux le droit de dissoudre, en envoyant le *repudium* à l'autre, un mariage contracté avec son consentement, à moins qu'il n'eût pour le faire des raisons très-sérieuses (2) ; mais si le *repudium*, envoyé par le père en dehors des cas où cette faculté lui était accordée, ne portait aucune atteinte au mariage, il rendait caduque la donation faite par un beau-père à sa belle-fille, parce que vis-à-vis de ces deux personnes, le lien résultant du mariage pouvait être considéré comme rompu : *quod ad ipsos, inter quos donatio facta est, finitum est matrimonium* ; si les deux beaux-frères s'étaient faits des donations l'un à l'autre, elles étaient également révoquées pour le même motif (3).

IV. DE LA CAPTIVITÉ DE L'UN DES ÉPOUX

Lorsqu'un soldat romain tombait aux mains de l'ennemi, il subissait ce qu'on appelait la *maxima*

(1) L. 32, § 11.
(2) L. 5, C., *De repud.*
(3) L. 32, §§ sq. et 20.

capitis deminutio, et perdait au même instant ses
droits de citoyen et sa personnalité juridique : il
semble bien dès lors que la captivité dût avoir pour
les donations entre époux les mêmes effets que la
mort naturelle et les valider ou les infirmer, selon
que c'était le donateur ou le donataire qui avait été
fait prisonnier. Mais deux fictions avaient été introduites qui devaient modifier ce résultat ; par la première, le captif qui parvenait à s'échapper et qui
rentrait à Rome était censé n'en être jamais sorti
et recouvrait par le *jus postliminii* l'ensemble des
droits qu'il avait perdus : par la seconde, introduite par la loi Cornelia, s'il mourrait en captivité,
il était réputé être mort au moment même où il
avait été pris, c'est-à-dire dans toute l'intégrité de
ses droits.

En appliquant aux donations entre époux l'effet
de ces deux principes, voici le résultat qu'on obte-
nait : si le donateur mourrait en captivité ou dans
la cité avant le donataire, la donation était confirmée : en cas de captivité du donataire, elle
était infirmée si celui-ci mourrait chez l'ennemi ou
depuis son retour, mais avant le décès du donateur.

Si les deux époux avaient été pris en même temps
par l'ennemi, Ulpien donnait la même solution que
celle rapportée plus haut au cas où ils auraient
trouvé la mort dans le même événement ; c'était
le donataire qui était censé avoir survécu au donateur et en conséquence la donation se trouvait
confirmée. Mais si l'un d'eux s'était échappé et que

ce fût le donateur, la donation devenait caduque; elle produisait au contraire son effet lorsque c'était le donataire qui était rentré à Rome (1).

V. DES DIVERS AUTRES OBSTACLES QUI S'OPPOSAIENT A LA CONFIRMATION

Si la donation avait été faite par un beau-père à son gendre ou à sa bru, ou au père de son gendre ou de sa bru, et que l'émancipation fût venue briser les liens de parenté qui unissaient entre elles ces diverses personnes, la donation ne pouvait être confirmée, parce qu'il ne s'agissait plus alors de donations entre époux et que le sénatus-consulte restait sans application (2). Nous avons rappelé que les donations de 200 solides avant Justinien et de 500 après lui devaient être insinuées ; si une donation supérieure à ce taux n'avait pas été insinuée, elle restait nulle pour l'excédant, à moins qu'elle n'eût été expressément confirmée par testament (3).

Il en était de même si une donation empiétait sur la quarte Falcidie ou sur la légitime, ou bien encore lorsqu'elle avait été faite en fraude des créanciers du donateur (4).

(1) L. 32. § 14.
(2) L. 32, § 21.
(3) L. 25, C., *De don. int. vir. et ux.*
(4) L. 6, § 11, D., *quæ in fraud. cred.*

APPENDICE

Sous le droit classique, dans un intérêt d'accrois-
sement de la population, les seconds mariages furent plutôt encouragés que proscrits; la seule
entrave qui leur fût apportée était la défense faite
à la femme veuve de se remarier dans les dix mois
de son veuvage, sous peine d'être notée d'infamie.

Avec les empereurs chrétiens, les idées se modifièrent : on ne réprouva pas les secondes noces, mais
on se préoccupa avec plus de soin qu'on ne l'avait
fait jusqu'alors du sort des enfants des premiers
lits, et c'est dans ce but que furent édictées plusieurs constitutions impériales qui ont pour nous
d'autant plus d'intérêt que quelques-unes de leurs
dispositions se retrouvent dans notre droit coutumier et dans le Code civil : nous allons les ana-
lyser rapidement.

Gratien, Valentinien et Théodose portèrent de
dix mois à un an le laps de temps pendant lequel la veuve ne pouvait convoler à une nouvelle

union (1). Deux ans plus tard, en l'an 382 après
Jésus-Christ, ils rendirent la célèbre constitution
Feminæ quæ, aux termes de laquelle la veuve rema-
riée devait conserver dans l'intérêt des enfants du
premier lit tout ce qu'elle avait reçu de son premier
mari, tant par donations entre vifs, au cas où la
prohibition ne s'y opposait pas et où la confirmation avait lieu en vertu du sénatusconsulte de Caracalla, que par donations à cause de mort, institution d'héritier, legs ou fidéicommis; elle pouvait,
du reste, avantager l'un de ces enfants au détriment des autres. Elle ne conservait donc sur les
biens qu'elle tenait de son premier mari qu'un
droit d'usufruit, et la nue propriété reposait sur la
tête des enfants; si elle aliénait quelqu'un de ces
biens, on comblait le déficit avec des valeurs qu'on
prenait dans son propre patrimoine (2). Lorsque
l'un des enfants du premier lit venait à mourir, la
mère ne lui succédait qu'à défaut de frères et sœurs,
et elle conservait dans tous les cas l'usufruit de la
succession.

En 422, Théodose II et Honorius décidèrent que
par une juste réciprocité, les enfants du second lit
succéderaient seuls aux biens que la mère tenait de
son second mari.

(1) L. 2, C., *De sec. nupt.*
(2) L. 3, C., *De sec. nupt.*

En 444, une constitution de Théodose II et de Valentinien II, connue sous le nom de constitution *Generaliter* (1), généralisa le principe de la constitution *Feminæ quæ*, et l'étendit au veuf remarié : elle décida de plus qu'il n'était point nécessaire que les enfants fussent héritiers du prémourant pour recueillir le nouveau bénéfice introduit par les constitutions impériales : il suffisait qu'ils fussent héritiers du survivant.

L'époux remarié conservait le droit de distribuer comme il l'entendait entre ses enfants du premier lit les biens qu'il tenait de son conjoint ; Justinien lui enleva ce droit et établit entre ces enfants une complète égalité (2).

Les empereurs chrétiens s'occupèrent aussi de limiter les donations entre époux, et instituèrent une véritable quotité disponible ; c'est ainsi qu'en 330 Théodose et Valentinien défendirent à la femme qui se remariait avant que l'an de deuil fût expiré de donner à son nouvel époux par constitution de dot, par donation ou par testament, au delà du tiers ds ses biens.

En 467, Léon et Anthemius décidèrent, par la célèbre constitution *Hâc edictali*, que l'époux qui se remarierait ayant des enfants de son premier

(1) L. 5, C., *De sec. nupt.*
(2) *Nov. 3, cap. 1; Nov. 22, cap. 5.*

mariage ne pourrait donner à son nouvel époux qu'une part d'enfant le moins prenant (1).

La réduction n'avait lieu qu'au profit exclusif des enfants du premier lit : Justinien, par la constitution *Quoniam* en étendit le bénéfice aux enfants du second lit, mais il revint plus tard sur cette décision.

(1) L. 6, C., *De sec. nupt.*

DROIT FRANÇAIS

DES DONATIONS ENTRE ÉPOUX

PENDANT LE MARIAGE

INTRODUCTION HISTORIQUE

Avant d'aborder l'étude des donations entre époux sous le Code civil, il convient de jeter un rapide coup d'œil sur les transformations qu'elles subirent dans notre ancienne jurisprudence.

Lorsque le temps eut passé sur les deux grands événements dont fut témoin la Gaule vers le commencement de l'ère chrétienne, la conquête de César et l'établissement des Francs, un travail lent s'opéra, dans les institutions du pays, qui, déjà sensible vers les premiers temps de la monarchie franque, alla toujours croissant jusqu'à la révolution de 1789 ; de ce travail naquit au point de vue juridique la grande séparation de la France en deux zones : au Midi, les pays de droit écrit, au Nord, les pays de coutumes : cette séparation, toute profonde qu'elle parût, n'était cependant pas absolue : c'est ainsi que certains pays du Midi avaient leurs coutumes, et que le droit romain était considéré comme droit supplémentaire dans la plupart des contrées du Nord : les deux législations en un mot faisaient entre elles bon ménage et s'empruntaient réciproquement un assez grand nombre de leurs dispositions.

Dans le Midi, le régime des donations entre époux demeura ce qu'il avait été à Rome après le sénatusconsulte de Septime sévère et de Caracalla : les époux purent donc se faire entre eux toutes les donations qu'il leur plairait, à condition toutefois qu'elles fussent révocables et caduques par le prédécès du donataire.

La dot fut comme à Rome constituée par la femme et restituée lors de la dissolution du mariage à elle ou à ses héritiers : mais une institution nouvelle et inconnue à Rome, l'*augment de dot*, prit naissance à cette époque, probablement sous l'influence de l'Eglise : c'était le droit pour la femme de prendre sur la succession de son mari une part proportionnelle à la nature et au montant de la dot : cette part était du tiers quand la dot était immobilière, et de la moitié quand elle était mobilière. Elle en acquerrait la propriété ou l'usufruit suivant qu'il existait ou non des enfants issus du mariage.

On accorda, par réciprocité, au mari survivant un *contre-augment* sur la dot de sa femme. En Germanie, la femme demeurait toute sa vie sous la puissance d'autrui : le *mundium*, qui était une image affaiblie de la *patria potestas* romaine appartenait au père ou au plus proche parent mâle : lorsque la femme se mariait, le mari achetait le *mundium* : il en avait d'abord payé le prix au *mundwald* (1), puis la femme en toucha une portion, et plus tard, sous l'influence de l'Eglise, elle en reçut la totalité.

A côté de cette libéralité, il en existait une autre qui portait le nom de *morgengaben* ou *donum matutinum* : c'était un don que faisait le mari à sa femme au lendemain de la première nuit de noces, *tanquam pretium virginitatis, pulchritudinis, delibatæ pudicitiæ*, dit Grégoire de Tours (2). Pour les veuves, il existait un don analogue appelé *abend gaben*, don du soir. Le *morgengaben* se fondit peu à peu avec la dot germanique et ces deux institutions réunies formèrent le douaire légal ou coutumier, qui devint obligatoire vers le XIe siècle, disent les uns en se fondant sur un passage des Assises de Jérusalem, sous Philippe-Auguste disent

(1) C'était le nom de la personne à laquelle appartenait le *mundium*
(2) Liv. IX, ch. 20.

les autres en invoquant l'autorité de Beaumanoir.
M. Kœnigswarter a résumé d'une façon très heureuse les diverses phases de ces législations barbares dans un remarquable mémoire sur le développement de la société humaine (1) : « Chez les peuples
naissants, l'homme ravit sa compagne : plus
civilisé, il paya aux parents le prix de la puissance
qu'il leur enlevait : l'amour inventa le *morgen
gaben* : enfin la reconnaissance de l'époux et la
prévoyance du père trouvèrent une heureuse combinaison de prix d'achat et du don du matin,
laquelle, favorisée par les Conciles et les Capitu-
laires, devint le douaire, d'abord conventionnel,
puis légal ou coutumier. »

Relativement aux donations entre époux, les lois
barbares présentaient une assez grande divergence :
la loi Lombarde les prohibe absolument ; la loi des
Francs Ripuaires ne les autorise que lorsqu'il
n'existe aucun enfant ; les Wisigoths, par une
disposition très sage les prohibent pendant la première année du mariage et lèvent la prohibition
une fois ce délai expiré, probablement parcequ'un
dépouillement irréfléchi des époux l'un pour l'autre
est bien moins à craindre dans cette seconde pé-
riode que dans la première : la loi Salique autorise
les donations entre époux : M. Pardessus est parvenu à l'établir en dégageant certains principes des

(1) *Revue de législation*, 1849, tome 34, p. 179.

dispositions obscures et des nombreux tarifs de composition dont cette loi nationale est pleine aux trois quarts (1).

Dans notre droit coutumier, les donations entre époux paraissent avoir été d'abord autorisées; c'est du moins ce que nous apprennent le bailli Desfontaines dans son *Conseil à un amy*, et Beaumanoir dans la *Coutume du Bauvoisis*; mais sous l'influence du droit romain dont l'étude se développa en France dans de grandes proportions vers les douzième et treizième siècle, le principe de la prohition s'établit dans nos lois, et y fût même appliqué sans l'adoucissement qu'avait apporté à Rome le sénatus-consulte de Caracalla. C'est qu'un autre principe, principe fondamental dont on retrouve à chaque instant les traces dans les dispositions du droit coutumier, le principe de la conservation des biens dans les familles, était venu se joindre aux considérations qu'invoquaient les jurisconsultes romains qour justifier la prohibition.

Ferrières nous dit qu'on a prohibé les donations entre époux, parce qu'on craignait que ceux qui n'avaient pas d'enfants ne donnassent tous leurs biens à leurs conjoints et ne fissent ainsi passer des successions opulentes dans des familles étrangères (2).

(1) M. Pardessus, *Textes de la loi salique*, pp. 678-679.
(2) Ferrières, *Coutume de Paris*, art. 282,

Mais bien que la règle générale fût la prohibition, il existait à ce sujet entre les différentes coutumes une grande variété : Pothier (1) les divise en quatre classes :

1º Les coutumes de Paris et d'Orléans et un grand nombre d'autres prohibaient entre époux toute libéralité, soit entre-vifs, soit par testament ; le don mutuel faisait seul exception.

2º Les coutumes de Pouthieu, de Péronne, de Dreux, de Chartres, de Châteauneuf permettaient les libéralités testamentaires, mais défendaient les libéralités entre-vifs ; la coutume de Reims ne permettait de léguer en toute propriété que des meubles ou des conquêts ; celle d'Amiens restreignait encore cette faculté, et, au cas où il y aurait eu des enfants issus du mariage, elle n'autorisait que le legs de l'usufruit de ces biens.

3º Dans cette troisième classe, rentraient les coutumes qui s'inspiraient du principe romain modifié par le sénatus-consulte de Caracalla, et permettaient les donations entre époux sous la double condition de leur révocabilité et de leur caducité par prédécès du donataire ; c'étaient les coutumes du Poitou, du Nivernais, de l'Anjou et du Maine ; la coutume de Tourraine qui accordait la même faculté aux époux, exigeait cependant qu'il n'y eût pas d'enfants.

(1) Pothier, *Des donations entre mari et femme*, nᵒˢ 7 et suiv.

4° Il existait enfin des coutumes qui, comme celles de l'Angoûmois, de Monfort, de Noyon, de Saint-Jean-d'Angély, autorisaient les donations entre époux irrévocables, sous certaines conditions ; c'est ainsi que la coutume de Noyon exigeait que les propres fussent mis en dehors de ces libéralités ; la coutume d'Auvergne était particulièrement favorable à la femme ; elle prohibait toutes donations faites par celle-ci à son mari, et laissait le mari entièrement libre de se dépouiller de tous ses biens en faveur de sa femme ; on retrouvait dans la coutume de Bourgogne une application remarquable du principe de la co-propriété qui avait existé autrefois entre les membres d'une même famille ; d'après cette coutume, les conjoints pouvaient s'avantager, mais avec le consentement de leurs plus proches parents.

Malgré cette divergence entre les différentes coutumes qui régissaient le nord de la France, le droit commun était en somme la prohibition ; voici comment s'exprimait l'art. 282 de la coutume de Paris : « Homme et femme, conjoints par mariage, constant icelui, ne se peuvent avantager l'un l'autre par donations entre-vifs, par testament, ne ordonnance de dernière volonté, ne autrement, directement ne indirectement, sinon par don mutuel comme il est dit aux articles 280 et 281 ».

Cette disposition, qui n'avait atteint d'abord que les époux, fut étendue rapidement par l'usage aux personnes engagées dans les liens d'une union illégitime, de là l'axiome : *Don de concubin à concubine ne vaut.*

Comme à Rome, la prohibition s'appliqua à tous les actes passés entre époux qui présentaient l'apparence d'une libéralité, et leurs contrats à titre onéreux devinrent eux-mêmes suspects s'ils n'avaient point une cause légitime.

Le don mutuel, que la Coutume de Paris plaçait en dehors de la prohibition des donations entre époux, est ainsi défini par Pothier : « Un don entre-vifs, égal et réciproque, que deux conjoints par mariage se font réciproquement l'un à l'autre, et en cas de survie, de l'usufruit des biens de leur communauté, aux charges portées par les Coutumes (1). »

Les trois caractères saillants de cette libéralité étaient :

1º L'irrévocabilité, en ce sens toutefois que la volonté de l'un des époux ne pouvait anéantir la donation, mais que cet effet pouvait être produit par l'accord des deux époux; l'art. 284 le disait expressément : « Le don mutuel n'est révocable, sinon du contentement des parties. »

2º L'égalité des choses données : si elle n'existait pas, le don mutuel était nul pour le tout.

3º L'égalité d'espérance : certaines Coutumes exigeaient que les époux fussent égaux ou à peu

(1) Pothier, *Traité des donations entre mari et femme*, n° 160.

près égaux en âge ; mais d'après la Coutume de
Paris, il suffisait qu'ils fussent *en santé* au moment du contrat, c'est-à-dire d'après les termes
de la Coutume du Grand-Perche : « non malades
de maladies dont ils seraient depuis décédés. »

Pour que les conjoints pussent se faire un don
mutuel valable il fallait qu'ils fussent légitimement mariés, communs en bien et qu'ils n'eussent
pas d'enfants au moment de leur décès.

D'après l'Ordonnance de Moulins, le don mutuel
devait être fait par devant notaire, par un seul
et même acte : il devait de plus être insinué.

Le droit au profit du don mutuel s'ouvrait pour
un époux à la mort de l'autre : mais il devait en
demander la délivrance aux héritiers du défunt :
l'art. 284 disait en effet : « Le don mutuel de soi
ne saisit, ains est sujet à délivrance. »

Le conjoint survivant recueillait, par l'effet du
don mutuel, une part en usufruit des biens de la
communauté ; il était donc tenu des intérêts des
dettes de cette communauté, il supportait en outre
les charges usufructaires ; quant aux legs, le donataire devait y rester absolument étranger, car le
principe de l'irrévocabilité s'opposait à ce que la
valeur du don fut diminué par les libéralités testamentaires de l'époux décédé.

Outre le don mutuel de l'art. 280 dont nous venons d'esquisser à grands traits la physionomie,
il en existait un autre que les époux se pouvaient
faire dans le contrat de mariage d'un de leurs en-

fants. L'art. 281 de la Coutume de Paris s'exprimait ainsi à ce sujet : « Père et mère mariant leurs enfants peuvent convenir que leurs dits enfants laisseront jouir le survivant des dits père et mère des meubles et conquêts du prédécédé, la vie durant du survivant, pourvu qu'il ne se remarie, et n'est réputé tel accord avantage entre lesdits conjoints. »

Il existait entre cette disposition de l'art. 281 et le don mutuel de l'art. 280 quatre différences importantes :

1o Le don mutuel ordinaire ne pouvait avoir lieu que si les époux ne laissaient point d'enfants; le don mutuel de l'art. 281 supposait nécessairement l'existence d'enfants communs.

2o Le premier pouvait se faire pendant toute la durée du mariage; le second ne pouvait avoir lieu que dans le contrat de mariage d'un enfant commun.

3o Le don mutuel de l'art. 281 exigeait la présence de l'enfant, et le don mutuel ordinaire ne se passait qu'entre les deux époux.

4o Le convol de l'époux survivant qui laissait intact le don mutuel ordinaire frappait au contraire de caducité le don mutuel de l'art. 281.

Telles étaient les dispositions du droit coutumier relativement aux donations entre époux; sous le droit intermédiaire qui régit la France depuis la révolution de 1789 jusqu'à la rédaction du Code civil, ces libéralités trouvèrent à peu près grâce entière devant les législateurs de cette époque.

La loi du 17 nivôse an II qui s'était montrée impitoyable pour les donations entre-vifs, en posant le principe de l'égalité entre successibles, en prohibant les avantages précipulaires et en restreignant à une fraction minime de la succession du *de cujus*, la quotité disponible à l'égard des étrangers, se montra au contraire très-favorable aux donations entre époux.

Désormais, les époux qui n'avaient point d'enfants purent se donner d'une manière irrévocable tous leurs biens; la présence des enfants réduisaient leurs libéralités à l'usufruit de la moitié de ces biens. Ainsi, ce qui avait été prohibé cessa de l'être, et la prohibition atteignit des donations qu'on avait jusque-là respectées.

En recherchant la cause de cette anomalie, on la trouve dans ce fait que la loi de nivôse avait supprimé d'un seul coup la dot, l'augment de dot, le douaire et tous les gains de survie entre époux : il est probable que les législateurs de l'an II, en retirant aux époux les faveurs dont ils avaient joui jusqu'alors, voulurent les dédommager en leur permettant de donner un libre cours à leur générosité réciproque.

CHAPITRE PREMIER

DES DONATIONS ENTRE ÉPOUX

On a vu par quelles vicissitudes avaient passé les donations entre époux dans le droit romain et dans notre ancien droit; après avoir été à Rome l'objet d'une prohibition inspirée par une idée de protection et de dignité du mariage, leur sort fut amélioré par le sénatus-consulte de Septime Sévère et de Caracalla dont nous avons rapporté en temps et lieu les dispositions. Les coutumes se montrèrent rigoureuses pour elles, et aux raisons invoquées par les jurisconsultes romains pour justifier la prohibition vint se joindre une puissante considération qui étendait son influence sur la plupart des dispositions du droit coutumier, la conservation des biens dans la famille.

Si les libéralités ne sont jamais aussi légitimes que lorsqu'elles s'adressent aux personnes qui nous sont unies par les liens les plus étroits et qui, entre toutes, ont des droits à notre reconnaissance et à notre affection, il est vrai de dire aussi qu'en nulle autre circonstane le dépouillement aveugle et irré-

fléchi et la captation ne sont plus à redouter. Le
Code civil a trouvé le vrai moyen de conjurer ces
dangers et de permettre à l'époux de se montrer libéral envers son conjoint tout en le protégeant
contre lui-même : il autorise les donations entre
époux, mais il les déclare révocables au gré du donateur; si l'époux s'est laissé entraîner à un mou-
vement de générosité exagérée, s'il n'a trouvé chez
son conjoint, en retour de ses bontés qu'une noire
ingratitude, il a à sa portée dans la révocation un
moyen prompt et assuré de revenir sur sa libéralité.

Le Code s'est inspiré de la législation romaine
mitigée par le sénatus-consulte de Caracalla, mais
en lui faisant subir une importante modification :
tandis qu'à Rome, la donation entre époux était
assimilée à une donation *mortis causâ* et qu'elle dépendait de la survie du donataire au donateur, elle
est chez nous faite purement et simplement sous la
condition résolutoire de la révocation ; dans le droit
romain, il fallait attendre la mort du donateur pour
savoir si la donation était valable ; dans notre droit
au contraire, au moment même de la disposition,
et une fois les formalités accomplies, la donation
sort son effet immédiat, tout en restant soumise à
la révocation du donateur (1).

(1) M. Demolombe, *Traité des donations*, t. VI, n° 442.

6

Deux articles seulement ont été consacrés par le Code aux donations entre époux; en voici la teneur :

Art. 1096. Toutes donations faites entre époux pendant le mariage, quoique qualifiées entre-vifs, seront toujours révocables.

La révocation pourra être faite par la femme. sans y être autorisée par le mari ni par justice. Ces donations ne seront point révoquées par la survenance d'enfants.

Art. 1097. Les époux ne pourront pendant le mariage se faire, ni par acte entre-vifs, ni par testament, aucune donation mutuelle et réciproque par un seul et même acte.

Les rédacteurs du Code se sont montrés trop laconiques sur une matière aussi délicate; ils en ont fait, par leur silence, une des questions du Code les plus hérissées de controverses et les plus fertiles en discussions; le développement de cette étude ne prouvera que trop la vérité de ce dire.

Il faut se demander avant d'aborder le cœur même du sujet, quelles sont les donations que le Code autorise les époux à se faire entre eux; la réponse à cette question n'est pas donnée en termes formels, mais elle résulte implicitement de l'art. 947 qui déclare que les articles 943, 944, 945, 946 relatifs à la règle *donner et retenir ne vaut* ne sont pas applicables aux donations dont il est fait mention aux chapitres VIII et IX du titre des Donations; or, les donations entre époux se trouvent précisément comprises dans le chapitre IX ; il en résulte que les époux peuvent se faire pendant le mariage :

1e des donations de biens présents ;

2º des donations de biens à venir;

3º des donations cumulatives de biens présents et à venir;

4º des donations faites sous des conditions potestatives de la part du donateur.

SECTION PREMIÉRE

DE LA NATURE DES DONATIONS ENTRE ÉPOUX

La solution de la plupart des questions qui se rattachent aux donations entre époux dépend du caractère qu'on leur reconnaît ; il importe donc de poser avant tout ces prémisses d'ou découleront des conséquences absolument différentes suivant le parti que l'on prendra.

Le Code, avons-nous déjà dit, s'exprime ainsi : « Toutes donations faites entre époux pendant le mariage, *quoique qualifiées entre-vifs*, seront toujours révocables. » C'est sur l'interprétation de ce texte que s'est élevée la vive controverse dont nous allons parler ; dans quelle catégorie de dispositions le Code range-t-il les donations entre époux parmi les donations entre vifs ou parmi les dispositions testamentaires?

Dans un premier système qui, quoi que ayant eu pour défenseurs d'éminents jurisconsultes (1), nous semble tout à fait insoutenable, on prétend que le Code ne permet entre époux que les dispositions testamentaires, et tout au plus les donations à cause de mort, mais jamais les donations entre vifs : la réponse est facile : l'article 1097 reconnaît formellement aux époux la faculté de se faire des donations par *acte entre-vifs* et par *testament*; et quant à dire que le Code a ressuscité en faveur des époux les donations à cause de mort, cette prétention est inadmissible en présence de l'article 893 d'après lequel on ne peut disposer de ces biens à titre gratuit que par donations entre vifs ou par testament; chacun sait que cet article 893 abolit implicitement les donations à cause de mort.

Une seconde opinion veut que la donation entre époux, telle qu'elle est organisée par le Code ne soit « ni une donation entre vifs proprement dite, ni une libéralité à cause de mort, dans la pureté des principes, mais un mélange des deux; » et M. Troplong, que nous venons de citer, ajoute : « La donation entre gens mariés ne peut pas être rapportée à un type unique : elle emprunte des caractères divers à des principes différents, et il faut un éclec-

---

(1) Delvincourt, t. II, p. 197; Cass., 10 avril 1838.

tisme prudent pour ne pas s'égarer sur ses effets pratiques. »

Cette définition est bien vague, on l'avouera, car il s'agit d'opter en définitive, puisqu'il n'est plus question dans notre législation des donations *mortis causâ*, entre la donation et le legs. Ce sont, en effet, les deux seules façons qui existent aujourd'hui de disposer à titre gratuit : Si le Code avait voulu créer en faveur des époux une troisième espèce de libéralité ayant ses règles et son caractère propres, il s'en serait probablement expliqué; mais on ne saurait suppléer à son silence, et présenter la donation entre époux, ainsi que le fait M. Troplong, comme un mélange de legs et de donations entre vifs, ce n'est plus interpréter la loi, c'est la faire : à laquelle donc de ces deux sortes de dispositions doit être rapportée la donation entre époux? Ce qui a causé la diversité d'opinions que nous venons de rapporter, c'est ce caractère de révocabilité que le Code a attaché à ces sortes de libéralité; or la question revient à savoir si une donation est plus sérieusement dénaturée dans son essence par la condition de révocabilité, qu'un legs par l'acquisition du caractère de convention et par la production d'un effet immédiat (1).

La donation n'est pas irrévocable par son es-

(1) M. Colmet de Santerre, t. IV, 276 *bis*, I.

sence, elle ne l'est que par sa nature; l'irrévocabilité des donations fut introduite dans nos lois à
l'image de l'ancien droit français pour diminuer le
nombre des libéralités et assurer la conservation
des biens dans la famille. Sachant à merveille que
l'on est plus disposé à se dépouiller lorsque c'est
pour l'avenir, et qu'il est loisible de revenir sur sa
générosité, que lorsque le désaisissement est immédiat et irrévocable, le législateur a cherché dans ce
principe un frein à ces libéralités exagérées qui
engendrent si souvent la discorde au sein des familles, mais il a su parfois faire fléchir ce principe;
quand il a voulu, par exemple, favoriser le mariage
et encourager les citoyens au mariage, il a autorisé
leurs parents et leurs amis à leur faire des donations
qui échappaient à la règle *donner et retenir ne
vaut;* mais ces actes n'en conservaient pas moins le
caractère bien déterminé de donations, et nous
pouvons décider par analogie qu'en déclarant les
donations entre époux révocables, il n'a pas entendu dire qu'elles ne participeraient pas de la nature des donations entre vifs.

On conçoit donc parfaitement une donation révocable. Concevrait-on aussi bien un legs qui don-
nerait au légataire un droit quelconque du vivant
du testateur? Assurément, non; le legs n'est jamais
qu'un projet : tant que le disposant est de ce monde,
il peut modifier à son gré ses dispositions; il n'y a
pas eu entre lui et le légataire, comme entre le donateur et le donataire, un accord de volontés, un

contrat, et ce n'est qu'après sa mort que naîtra pour
le légataire un droit à la chose léguée; jusque-là, il
n'aura eu qu'une simple espérance, c'est-à-dire ju-
ridiquement, rien.

Il est donc bien acquis qu'une donation révocable n'en est pas moins une donation; il reste à répondre à un argument de texte par lequel nos adversaires étayent leur argument de principes; l'article 1096, disent-ils, en déclarant que les donations
faites entre époux, quoique qualifiées entre-vifs,
seront toujours révocables, semble bien dire que la
qualification de donations entre vifs donnée par
les époux à leurs libéralités, est impuissante à leur
attribuer la nature de ces donations. Nous répondrons que ce n'est pas là le vrai sens des mots
« quoique qualifiés entre-vifs : » le Code veut dire
tout simplement que les époux ne pourront pas enlever à leurs donations leur caractère de révocabilité par l'épithète d'entre-vifs qu'ils leur donneront;
ce qui est en opposition dans ce membre de phrase,
ce sont les mots *qualifiés entre-vifs* et *révocables*,
et ce sens que nous lui donnons est celui qui vient
tout naturellement à l'esprit en le lisant.

Au surplus, il n'est pas possible de croire que
l'article 1096 fasse allusion au cas où les époux ont
eux-mêmes qualifié leurs donations *d'entre-vifs*,
car la chose n'a jamais lieu dans la pratique. Cet
article signifie donc, en un mot, que les donations
entre époux, quoique qualifiées entre-vifs *par le
Code* ne sont pas soumis comme les donations

entre-vifs ordinaires au principe de l'irrévocabilité.

L'art. 1096 décide que les donations entre époux seront révocables pour survenance d'enfants; les legs ne sont point soumis à cette sorte de révocation, c'est donc que les donations entre époux, sont de véritables donations entre-vifs ; ajoutons que la loi du 21 juin 1843 sur la forme des actes notariés, déclare que les donations entre époux sont soumises aux mêmes règles que les donations entre-vifs (1).

Nous croyons avoir suffisamment établi que les donations entre époux participaient entièrement du caractère et de la nature des donations entre-vifs ; c'est la base sur laquelle reposera la suite de cette étude et d'où nous tirerons de nombreuses déductions.

Formes de la donation entre époux.

La donation entre époux est soumise aux mêmes formes que la donation entre-vifs et aux termes de l'article 931 celle-ci doit être à peine de nullité passée devant notaire, et il doit en rester minute; la loi du 21 juin 1843 a confirmé expressément la règle

---

(1) A l'avenir, les actes notariés contenant donations entre-vifs, donations entre époux pendant le mariage... seront à peine de nullité, reçus conjointement par deux notaires, ou par un notaire en présence de deux témoins (art. 2, loi du 21 juin 1843).

de l'article 931 ; c'est toujours en vertu de cette assi-
milation que la donation entre époux doit être acceptée en termes exprès (art. 932), car l'article 1087
ne dispense de cette formalité que les donations
faites par contrat de mariage. Lorsqu'elle comprend
des biens susceptibles d'hypothèque, la donation
entre époux doit-elle être transcrite?

On a prétendu que la transcription était ici sans
objet, car le donateur qui dispose de la chose donnée révoque par là même sa donation ; les tiers n'ont
donc aucun besoin d'être avertis des droits du donataire sur l'objet du contrat, puisqu'au moment où
ce contrat est intervenu, la donation s'est trouvée
révoquée, et que ces droits ont cessé d'exister ; cela
est vrai dans une certaine mesure, mais il est certain aussi que la transcription aura néanmoins son
utilité dans certains cas.

Si les acquéreurs, les créanciers hypothécaires, les
donataires ultérieurs, tous ceux enfin auxquels le
donateur aura conféré quelque droit réel sur l'immeuble n'ont aucun intérêt à connaître la libéralité
dont la personne avec laquelle ils traitent a gratifié
son conjoint, il en est autrement des créanciers
chirographaires.

Le donataire puisera dans la transcription le
moyen de repousser les créanciers du donateur qui
voudraient saisir et faire vendre l'immeuble donné;
ceux-ci ne peuvent pas objecter que le donateur, en
contractant des obligations personnelles, a entendu
révoquer la donation qu'il a faite à son conjoint.

L'immeuble donné peut être en outre grevé du chef du donateur d'hypothèques légales et judiciaires qui n'impliquent en aucune façon chez lui l'intention de révoquer, et la transcription protégera le donataire contre l'effet de ces hypothèques ; à ce double point de vue, elle sera donc d'une utilité évidente pour le donataire.

Lorsque la donation comprend des effets mobiliers, sera-t-elle soumise à l'état estimatif de l'article 948? On répond que la règle de l'art. 948 n'ayant pour objet que d'assurer celle de l'irrévocabilité des donations, ne trouve point sa place ici, où il ne s'agit que de donations essentiellement révocables (1). Cela n'est point exact ; l'état estimatif n'a pas pour seule utilité d'assurer l'irrévocabilité des donations ; c'est ainsi, qu'en matière de rapport, il sert à déterminer la valeur que l'héritier donataire doit rapporter à la succession du *de cujus* ; dans l'espèce, il servira à reconnaître les objets donnés dans le cas où le donateur viendrait à révoquer la donation, et à les protéger contre la saisie que voudraient opérer les créanciers de ce dernier.

Au reste. l'article 948 qui prescrit l'état estimatif pour les donations d'effets mobiliers est absolu, et l'article 947 qui dispense les donations entre époux de certaines règles applicables aux donations entre-vifs, ne touche pas à la règle qu'il contient.

(1) M. Duranton, t. VIII, n° 410.

Si la donation entre époux au lieu d'être une donation de biens présents présente les apparences d'une donation cumulative de biens présents et à venir, la formalité de l'acte notarié et de l'acceptation expresse reste la même : mais que décider relativement à la transcription et à l'état estimatif?

Pour ce qui concerne la donation de biens à venir il est bien évident, qu'elle ne sera pas soumise à ces formalités; pourquoi le serait-elle en effet puisque le donataire n'acquiert ici la propriété qu'après le décès du disposant? les biens compris dans la donation étant ceux que le donateur possède à son décès, il faudrait donc qu'à chaque acquisition nouvelle d'immeubles faite par le donateur, le donataire opérât une transcription qui resterait le plus souvent sans effet.

Il en est autrement dans l'hypothèse d'une donation cumulative de biens présents et à venir ; cette donation peut en effet, suivant la volonté du donataire, n'aboutir qu'à une donation de biens présents et nous venons de voir que la transcription et l'état estimatif ne sont point dans ce cas sans utilité (1).

L'article 1097 défend aux époux de se faire des donations mutuelles et réciproques contenues dans un seul et même acte ; cette disposition a pour but d'assurer la révocabilité des donations entre époux;

(1) M. Demolombe, *Traité des donations*, t. VI, n° 458.

c'est par le même motif que l'article 968 prohibe les dispositions mutuelles et réciproques contenues dans un seul testament. Mais il est loisible aux époux de se faire des libéralités réciproques dans des actes séparés, quand bien même ces actes auraient été passés à la suite l'un de l'autre, le même jour, par le même notaire et devant les mêmes témoins : c'est du moins ainsi que le décide la Cour de cassation, notamment dans un arrêt du 22 juillet 1807.

Effets de la donation entre époux.

S'agit-il d'une donation de biens présents ? Le donataire deviendra propriétaire de la chose donnée; il en percevra les fruits, il en usera à son gré, le tout sous la condition résolutoire de la révocation opérée par le donateur; s'il a eu le soin de faire transcrire la donation, l'immeuble cessera d'être le gage des créanciers du donateur, et les hypothèques légales ou judiciaires qui auront frappé les biens de ce dernier postérieurement à la transcription ne l'atteindront point.

On a refusé parfois au donataire le droit de conserver les fruits perçus par lui depuis le jour de la donation, lorsque celle-ci a été révoquée par le donateur; en effet, a-t-on dit, l'effet de la condition résolutoire accomplie rétroagit au jour du contrat et l'anéantit ; le donateur n'a pas cessé d'être propriétaire de la chose donnée, et le donataire ne peut pas alléguer la bonne foi pour conserver les fruits, parce qu'il savait que d'un moment à l'autre la révocation pouvait se produire.

En laissant de côté la question de savoir si c'est réellement par pur caprice que le donateur a le droit de révoquer sa donation. question dont nous nous occuperons du reste ultérieurement, nous répondrons que l'époux donataire en recevant une donation de son conjoint, pouvait penser tout naturellement que c'était une libéralité sérieuse et qu'un jour le donataire ne la changerait point en une véritable cause de ruine en venant redemander les fruits accumulés peut-être depuis de longues années; les donations entre époux ainsi organisées seraient un piége tendu à l'époux donataire et cesseraient d'être à titre gratuit pour se transformer en actes singulièrement onéreux.

S'agit-il d'une donation de biens à venir? le donataire acquerra un droit éventuel dont la réalisation s'effectuera à la mort du donateur : si le donateur a contracté des dettes même postérieurement à la donation, l'épouse donataire en subira l'effet, et la valeur de sa donation sera réduite aux limites de la quotité disponible; mais il n'aura point à s'adresser aux héritiers pour obtenir la délivrance des biens donnés, et il aura droit aux fruits à partir du jour du décès, sous la réserve toutefois de ceux que

les héritiers du donateur auraient perçus de bonne
foi (1).

L'époux mineur de seize ans ne peut pas faire une
donation à son conjoint ; c'est une conséquence nouvelle du caractère de donations entre-vifs que nous
avons reconnu aux donations entre époux ; d'après
les art. 903 et 904 en effet, les donations sont interdites au mineur de seize ans, et il ne peut disposer
de ses biens que par testament et dans une mesure
restreinte.

On a prétendu que la donation entre époux étant
révocable comme le testament, devait être autorisée
comme lui. Le texte de la loi résiste énergiquement
à cette doctrine, et son esprit ne saurait non plus
s'accorder avec elle ; il y a contrat dans la donation,
il n'y a que projet dans le testament ; l'effet de
l'une se produit immédiatement, l'effet de l'autre
est reculé à une époque indéterminée ; et, au surplus, « ce n'est point seulement la révocabilité du
testament qui est la cause déterminante de l'article
904, c'est que le testament suppose la pensée d'une
mort prochaine, et que le disposant est peut-être
dans la nécessité de se hâter, s'il veut laisser des
souvenirs d'affection ou des témoignages de reconnaissance (2). »

Toujours en vertu du principe posé plus haut, la

(1) M. Demolombe, *Traité des donations entre-vifs*, t. VI, n° 461.
(2) M. Colmet de Santerre, t. IV, n° 276 *bis*, III.

femme mariée sous le régime dotal ne peut donner
à son mari ses biens dotaux pendant le mariage;
l'article 1554 proclame l'inaliénabilité du fonds dotal et les articles 1555 à 1559 contiennent des exceptions à ce principe, mais aucun ne présente
comme une exception la donation de biens dotaux
faite par la femme à son mari. Cette solution est
contestée par les interprètes qui se refusent à voir
dans les donations entre époux de véritables donations entre-vifs : « il ne faut pas, dit M. Duranton,
regarder comme une aliénation la donation que la
femme fait à son mari de ses biens dotaux pendant
le mariage, parce que la révocabilité essentiellement
attachée à ces sortes de donations, en fait des dispositions à cause de mort, qui ont la nature des
legs (1). » Pour nous, qui nions que les donations
entre époux constituent des dispositions testamentaires, nous défendrons à la femme, en vertu du
principe de l'inaliénabilité des immeubles dotaux,
de disposer de ses biens dotaux pendant le mariage
en faveur de son mari.

Le donateur doit être capable de disposer et le
donataire de recevoir, si les divers éléments de la
donation ont lieu par acte séparé, au moment de
l'offre, de l'acceptation et de la notification de l'acceptation; nous appliquerons ces règles aux donations entre époux; il suffit donc pour la perfection

(1) T. XV, n° 534.

de la donation que les parties soient capables aux époques indiquées et l'incapacité survenue chez l'une d'elles postérieurement et qui subsisterait encore au moment de son décès, telle que la condamnation à une peine afflictive perpétuelle (1), laisserait intacte la donation.

Cette solution généralement admise relativement aux donations de biens présents est repoussée par plusieurs jurisconsultes dans l'hypothèse d'une donation de biens à venir ; les uns exigent chez le donateur et chez le donataire la capacité de disposer et de recevoir à l'époque du décès du donateur (2), les autres exigent seulement à ce moment la capacité de recevoir chez le donataire, sans exiger celle de disposer chez le donateur (3) ; la raison qu'ils invoquent, nous la connaissons déjà ; c'est le caractère testamentaire de la donation entre époux plus énergique encore dans la donation de biens à venir ; nous soutenons au contraire que cette donation procure au donataire, à l'encontre des dispositions testamentaires un droit éventuel, il est vrai, mais qui n'en est pas moins un droit bien et dûment existant et que ce droit ayant pris naissance en pleine capacité des parties, n'a rien à voir dans les événements qui pourraient dans la suite altérer la capacité de l'une d'elles.

(1) Loi du 31 mai 1854, art. 3.
(2) M. Duranton, t. IX, n° 778.
(3) M. Troplong, t. IV, n° 2650.

Les partisans du système adverse se rejettent
sur le droit romain et sur la doctrine de nos anciens auteurs français; mais on sait que le Code a
inauguré pour les donations entre époux un régime
nouveau, inconnu à Rome et dans notre ancien
droit, et qu'on ne saurait dès lors raisonner *a pari*
sur ce sujet. Chez nous, en effet, contrairement à
ce qui avait lieu à Rome, où la donation était en
quelque sorte reportée avec le premier instant de
son existence au jour du décès du donateur, la donation vaut par elle-même : soumise, il est vrai, à
des chances de révocation, elle est soustraite à ces
chances par la mort du donateur, et on ne saurait
pas plus exiger la capacité du donataire à cette
époque que lors de la défaillance de toute autre
condition résolutoire (1).

De la réduction des donations entre époux.

Lorsque les libéralités qu'a faites l'époux décédé
ont dépassé la quotité disponible, quel mode de réduction faudra-t-il appliquer aux donations dont il
aura gratifié son conjoint? seront-elles réduites à
leur date ou assimilées aux legs et réduites comme
eux au marc le franc? Nous croyons devoir main-

(1) M. Colmet de Santerre, t. IV, 276 *bis*, IV.

tenir ici encore le principe que nous avons posé en tête de cette étude, et sur lequel nous nous sommes depuis constamment appuyé, et nous décidons en conséquence que les donations entre époux ne seront réduites qu'après les legs et les donations qui leur seront postérieures en date.

L'opinion contraire compte, nous devons l'avouer, plus de partisans que celle que nous défendons : c'est ainsi que M. Duranton (1) comparant les libéralités entre époux à des dispositions testamentaires, veut qu'elles soient réduites au marc le franc avec les legs. Et M. Colmet de Santerre, qui n'enlève pas à ces libéralités leur caractère de donations entre-vifs, décide qu'elles seront réduites après les legs, mais avant toute autre donation. En effet, dit le savant professeur, si on doit soumettre les donations entre époux aux règles qui régissent les donations entre-vifs, ce n'est qu'autant que ces règles n'ont pas leur fondement dans le principe de l'irrévocabilité des donations. Or, c'est précisément en présence d'une règle de cette nature que nous nous trouvons : le donateur par sa seconde libéralité a renoncé au droit de confirmer la première, en tant que cette confirmation pourrait nuire au nouveau donataire (2) : la donation entre époux quoique antérieure à cette donation sera donc réduite avant elle.

(1) T. VIII, n° 357.
(2) M. Colmet de Santerre, t. IV, n° 276, VIII.

Nous répondrons que la donation faite par l'é-
poux décédé est devenue par la mort du donateur,
aussi irrévocable que toute autre donation entre-
vifs, et que sa validité ayant été soumise à l'effet
d'une condition résolutoire, la révocation, une fois
cette condition défaillie, son effet est devenu à la
date où elle a eu lieu, plein, entier, irrévocable :
la mort du donateur en a fait une véritable donation entre-vifs soumise rétroactivement à toutes
les règles de cette sorte de dispositition. Pour que
le système que nous combattons fût admissible, il
faudrait soutenir que le donateur en faisant une
donation à un étranger, a voulu révoquer celle qu'il
avait précédemment faite à son conjoint. Si cette
seconde donation porte sur les mêmes biens que la
première, d'accord, il y a révocation tacite, *révocation*, et non pas *réduction* ; mais si les objets donnés
ne sont pas les mêmes, où apparaît chez l'époux
donateur l'intention de révoquer ? et dans tous les
cas, encore une fois, n'y a-t-il pas ici chez nos adversaires, confusion entre ces deux idées de révocation
et de réduction ?

La solution peut paraître délicate relativement
aux donations de biens à venir. Nous nous tien-
drons cependant à celle que nous avons donnée
pour les biens présents par les mêmes raisons que
celles que nous venons de développer. C'est peut-
être téméraire de notre part, car la plupart des jurisconsultes déclarent ces donations réductibles
après les legs, mais avant les autres donations. Ce

rang nous paraît leur être assigné d'une façon tout
à fait arbitraire. Il n'existe en effet, dans le Code
que deux manières de disposer de ses biens à titre
gratuit par donation ou par testament. Or, si les donations entre époux sont des legs, pourquoi ne pas
les réduire au marc le franc? Pourquoi, si ce sont
véritablement des donations, ne pas les réduire à
leur date? Nous ferons remarquer du reste que lorsqu'une épouse aura donné à son conjoint ses biens
à venir, et que dans la suite il aura fait à des étrangers des donations déterminées, ce seront autant
de révocations partielles de sa première libéralité (1).

SECTION II

DE LA RÉVOCABILITÉ DES DONATIONS ENTRE ÉPOUX

L'article 1096 décide que les donations entre
époux pendant le mariage seront essentiellement
révocables : c'est là une prescription formelle de la
loi, un principe d'ordre public contre lequel les
conventions des parties ne sauraient prévaloir. Cette
révocabilité est le contre-poids tout naturel que les

(1) M. Demolombe, *Traité des donations*, t. VI, n° 466, 467.

rédacteurs du Code ont mis à la faculté qu'ils accordaient aux époux de s'avantager entre eux pendant le mariage.

Le Code est muet sur la portée de cette révocabilité : dépend-elle du pur caprice du donateur, ou doit-elle être au contraire renfermée dans des limites précises ? Question délicate bien faite pour jeter l'interprète dans de grandes perplexités. MM. Demolombe et Boissonade (1) enseignent que la révocabilité des donations entre époux ne saurait être laissée à la seule volonté de l'époux disposant. L'art. 1174, disent-ils en effet, déclare nulles les obligations contractées sous des conditions purement potestatives. Si l'époux pouvait révoquer à son gré, la révocation constituerait donc une condition résolutoire absolument potestative, ce qui nous placerait sous la prohibition de l'art. 1174, et ce qui anéantirait le contrat. Pour que le donateur ait fait œuvre sérieuse et valable, il faut qu'il se soit engagé sérieusement, et il ne le serait pas s'il pouvait révoquer *ad nutum* la donation. Qu'on ne vienne pas nous opaoser ce qui a lieu pour les testaments ; le testament est l'œuvre d'une seule volonté, le testateur peut à son gré modifier, ajouter, retrancher comme il lui plaît : à la différence du donateur, il n'est pas engagé car le testament n'exige pas, le concours de volontés qu'exige la donation.

---

(1) *His.oire des droits de l'époux survivant,* n° 526.

Ces raisons sont puissantes il est vrai, mais nous croyons cependant que la loi a entendu donner au donateur le pouvoir le plus large de révoquer qui se puisse voir : certainement le donateur est moralement tenu de ne révoquer que pour des raisons sérieuses, et non pour satisfaire je ne sais quel caprice bizarre, mais comme il n'est pas tenu de faire connaître les motifs de sa révocation, celle-ci n'en sera pas moins valable dans toutes les hypothèses, et on n'eût pu prévenir ce danger qu'en sacrifiant la garantie la plus sûre de l'indépendance des époux vis-à-vis l'un de l'autre, le secret des révocations.

Ajoutons qu'en fait, ce danger ne sera pas aussi sérieux qu'on pourrait le croire de prime abord, car la révocation expresse devra être, comme nous le verrons plus loin. entourée de certaines formalités, et la révocation tacite ne s'induira pas d'une très-grande quantité de faits.

L'article 1096, nous l'avons vu, porte que les donations entre époux ne seront pas révoquées pour survenance d'enfants : elles le seront donc pour inexécution des charges et pour ingratitude : cela paraît inutile à faire remarquer puisque le donateur a un si large pouvoir de révocation, mais cela n'est pas sans intérêt pour ses héritiers : on ne peut en effet sérieusement contester que ceux-ci ne puissent obtenir pour ces causes la révocation de la donation en se conformant aux articles 954 et suivants.

La donation entre-vifs est révocable pour trois

causes, l'inexécution des conditions, l'ingratitude et la survenance d'enfants : l'article 1096 fait exception pour la dernière, en ce qui concerne la donation entre époux : cette donation demeure donc soumise aux deux autres causes de révocation : du reste, si après la mort du donateur, le donataire violait toutes les conditions de la donation, s'il faisait preuve envers la mémoire de son conjoint de la plus noire ingratitude, il serait déplorable que les héritiers de l'époux décédé n'eussent aucun moyen de révoquer cette donation adressée à un indigne.

Rappelons qu'en vertu de l'article 299, l'époux contre lequel la séparation de corps aura été admise, perdra tous les avantages que l'autre époux lui avait faits, soit par leur contrat de mariage, soit depuis le mariage contracté.

D'après l'article 1096, la révocation pourra être faite par la femme sans y être autorisée par son mari ou par justice : cette disposition était indispensable pour assurer la liberté de révoquer chez la femme : elle ne pouvait en effet s'adresser au mari pour obtenir cette autorisation, car il est plus que probable que celui-ci l'aurait refusée, et d'un autre côté, la forcer de s'adresser à la justice pour ce motif, c'était la gêner dans la manifestation de sa volonté par la crainte d'un scandale. Ce droit de révoquer fait partie des droits exclusivement attachés à la personne : voilà pourquoi les créanciers de l'époux donateur ne peuvent pas l'exercer (article

1166) : « se figure-t-on bien en effet des créanciers
venant, dans un intérêt pécuniaire, jeter le trouble
dans la famille et reprocher publiquement à l'épouse
donataire des faits d'ingratitude, que l'époux donateur pardonne ou qn'il veut, du moins, dévorer
en silence et cacher à tous les regards (1). »

Mais il est permis, bien entendu, aux créanciers
d'intenter l'action Paulienne pour faire résoudre la
donation qui aurait été faite en fraude de leurs
droits.

La disposition de l'article 1097, qui interdit aux
époux de se faire des donations réciproques par un
seul et même acte constitue aussi une garantie de
la révocabilité des donations entre tpoux.

La révocation des donations entre époux peut
être expresse ou tacite.

Dans le silence de la loi, on s'est demandé dans
quelle forme devait être faite la révocation expresse
si elle pouvait s'induire d'un simple acte sous-seing-
privé émané du donateur, ou si l'on devait appliquer
ici par analogie les règles contenues dans l'art. 1035
à l'égard de la révocation des testaments.

Quelques auteurs ont pensé qu'en raison du pouvoir sans limites de révoquer que la loi accorde à
l'époux donateur, et pour assurer davantage le libre
exercice de ce pouvoir, la révocation pouvait être
contenue dans un acte sous-seing-privé qui n'aurait

(1) M. Demolombe, *Traité des donations*, t. VI, n° 477.

pas été écrit en entier, daté et signé de la main du
donateur; il suffit, disent-ils que le donateur ait
clairement manifesté son intention de révoquer
pour que la donation soit anéantie et c'est aux
juges à décider si l'acte qu'on leur présente contient
bien sans ambages la manifestation de cette volonté (1).

On répond que puisque la loi exige pour le testament qui est bien au moins aussi révocable que la
donation entre époux une forme déterminée de révocation, et qu'un testament ne peut être révoqué
que par un testament postérieur ou par un acte notarié, il y a lieu de raisonner par analogie en ce qui
concerne les donations entre époux et qu'on doit
leur appliquer l'article 1035.

Au reste, la loi du 21 juin 1843 a tranché le débat
en faveur de cette dernière opinion, en décidant
que la révocation des donations devait être « à peine
» de nullité, reçue conjointement par deux notaires,
» ou par un notaire en présence de deux témoins »
(art. 2). (2). Quant à la révocation tacite, on peut
sans inconvénient, croyons-nous, appliquer aux
donations entre époux les règles posées par l'article
1038 pour la révocation des legs; c'est ainsi que
lorsque le donateur aura disposé de la chose donnée
soit par un acte à titre onéreux, soit par une nou-

(1) Toullier, t. III, n° 923 ; Coin-Delisle, art. 1096, n° 15.
(2) Zachariæ, Aubry et Rau, t. VI, p. 294 ; M. Colmet de Santerre,
n° 276 bis, IX.

velle donation, soit par disposition testamentaire,
la donation par lui faite à son époux sera révoquée,
alors même que cette aliénation aurait été nulle et
que la chose serait retournée dans ses mains, parce
que sa volonté de révoquer n'en aurait pas moins
été évidente ; les dispositions incompatibles au con-
traires ne révoquent bien entendu la donation que
dans la mesure de cette incompatibilité.

La constitution d'hypothèque entraine-t-elle la
révocation de la donation ? l'affirmative peut se
soutenir, surtout dans le cas où le donateur possède
d'autres biens susceptibles d'hypothèques ; le fait
d'aller choisir précisément le bien donné pour l'af-
fecter à la sûreté de son obligation n'est-il pas dans
ce cas bien significatif, et du reste, faire acte de
propriétaire sur un bien aliéné sans condition résolutoire n'implique-t-il pas l'accomplissement de
cette condition ?

On applique cependant généralement dans cette
hypothèse les art. 874 et 1020, et on répond que le
donataire subira l'hypothèque établie par le testateur, sauf son recours contre les héritiers du disposant, dans le cas où il aurait désintéressé le créancier hypothécaire. Nous croyons toutefois que la
situation n'est pas absolument la même, que le fait
d'hypothèquer le bien donné constitue bien de la
part du donateur une révocation au moins partielle
de la donation, et qu'il ne restera au donataire que
l'exédant de la valeur de l'immeuble sur les créances
garanties ; au surplus, il convient peut-être de lais-

ser au juge le soin de décider suivant les circonstances.

Les dettes chirographaires contractées par le donateur depuis la donation, si nombreuses qu'elles
soient, n'impliquent nullement chez lui l'intention
de révoquer.

Lorsque le donateur révoque la donation, le bien
donné rentre dans son patrimoine (1183) ; le donataire conserve cependant les fruits perçus par lui,
comme nous l'avons dit plus haut ; vis-à-vis des
tiers, il faut appliquer la règle : « resoluto jure
» dantis, resolvitur jus accipientis ; » en conséquences les aliénations opérées par le donataire, les
hypothèques ou autres droits réels consentis par
lui sur les biens donnés se trouvent anéanties ré
troactivement ; le tempéramment de l'art. 958 ne
saurait trouver place ici ; dans le cas prévu par cet
article, en effet, il serait inique de faire supporter
aux tiers les suites de la faute du donataire ; s'ils
ont traité avec lui, c'est qu'ils le croyaient nanti
d'un titre irrévocable et qu'ils ne pouvaient prévoir
en aucune façon qu'il s'exposerait à le perdre par son
ingratitude, tandis que dans l'hypothèse d'une donation entre époux ils connaissaient dès le principe la
nature essentiellement révocable du droit du donataire sur la chose qui a fait l'objet du contrat, et
s'ils ont traité avec lui, c'est à leurs risques et
périls. D'un autre côté, l'époux n'étant pas tenu de
faire conaître les motifs de sa révocation, comment
savoir si c'est à cause de l'ingratitude du donataire

qu'il a révoqué? enfin, le texte même de l'art. 958 s'oppose à ce qu'il soit appliqué aux donations entre époux; il exige en effet que les aliénations consenties par le donataire soient antérieures à l'inscription de la demande en révocation opérée par le donateur; or, comment pourrait-on remplir les prescriptions de la loi, puisque pour les donations entre époux, et il n'est point besoin de demande en révocation?

DE LA CADUCITÉ DES DONATIONS ENTRE ÉPOUX

Nous sommes arrivés à l'une des questions les plus controversées de la matière des donations entre époux, celle de savoir si les donations deviennent caduques par le prédécès de l'époux donataire : quant aux donations de biens à venir, il ne saurait y avoir de discussion : ces sortes de donations confèrent en effet au donataire un droit éventuel aux valeurs comprises dans la succession et dont la réalisation aura lieu à la mort du donateur : si à cette époque le donataire est déjà mort lui-même, s'il n'a pas survécu au donateur, ce droit s'évanouira comme un legs s'évanouirait dans les mêmes conditions : d'après l'art. 1093 les donations de biens à venir faites par contrat de mariage, qui, elles, sont irrévocables, deviendront

caduques par le prédécès du donataire; à plus
forte raison devront-nous décider de même pour
celles faites pendant le mariage qui sont révocables
ad nutum.

C'est relativement aux donations de biens. présents que la controverse devient très-vive : nous
croyons, avec la jurisprudence et un grand nombre
d'auteurs que la donation faite par un époux à son
conjoint pendant le mariage ne devient point caduque par le prédécès du donataire, tout en reconnaissant bien entendu que le donateur n'en conserve pas moins la faculté de révoquer (1).

Nous avons rappelé plusieurs fois déjà que nous
ne voyions dans la donation entre époux qu'une
véritable donation entre-vifs : or, lorsque le concours des volontés a eu lieu, lorsque l'offre faite
par le donateur a été acceptée par le donataire, la
donation existe, le contrat est formé : pour que ce
contrat désormais parfait soit susceptible d'être
annulé, il faut qu'il survienne un événement spé-
cialement prévu par le Code : les causes de caducité
des contrats sont en effet toujours formellement
indiquées par la loi.

Or, il ne paraît pas qu'elle ait soumis la validité de la donation entre époux à la condition

---

(1) M. Demolombe, *Traité des donations*, t. VI, pp. 469-470; M. Colmet de Santerre, t. IV, n° 276 *bis*, VI; M. Troplong. *Donations et
testaments*, t. IV, n° 2659; Zachariæ, Aubry et Rau, t. VI, pp. 291-294.
— Cass., 18 juin 1845, Aff. Lecorgue.

de survie du donataire, ainsi qu'elle l'a fait pour les legs et pour certaines donations dans les art. 1039 et 1089; on ne saurait donc suppléer à son silence en introduisant dans le Code une clause qui n'y est point écrite, et en déclarant que la validité de la donation entre époux est soumise à la condition de survie du conjoint donataire.

De nombreuses objections ont été faites contre le système que nous défendons, et nous allons les passer en revue en y répondant (1).

Nous ne parlerons que pour mémoire des partisans de cette opinion qui veut voir dans les donations entre époux de véritables donations à cause de mort, et qui en conséquence les déclare tout naturellement caduques par le prédécès du donataire : nous avons déjà fait remarquer que cette opinion était insoutenable en présence du texte si formel de l'art. 893 qui décide qu'on ne peut plus disposer aujourd'hui à titre gratuit de ses biens que de deux manières, par donations entre-vifs et par testament.

1° On objecte en premier lieu les traditions du droit romain ou de notre ancien droit où la donation entre époux était caduque par le prédécès du donataire en même temps que révocable : il est peu probable, dit-on, que le Code ait voulu innover en

---

(1) Toullier, t. III, n° 918; Duranton, t. IX, n° 777; Marcadé, article 1096, n° 4; Coin-Delisle, art. 1096, n° 6.

cette matière, et si telle avait été sa pensée, il l'aurait formellement exprimée.

Cet argument nous paraît être d'une mince valeur : le Code a en effet si bien innové en matière de donations entre époux qu'il en a à peu près transformé la nature : alors qu'à Rome et dans notre ancien droit la donation ne conférait un droit au donataire, qu'autant que le donateur était mort sans avoir révoqué, chez nous au contraire, la donation produit son effet *hic et nunc* effet révocable il est vrai, mais effet né et actuel et consistant en autre chose qu'en une simple espérance de ratification.

2° La donation faite par l'un des époux à l'autre, prend sa source dans un sentiment d'affection ou de reconnaissance : cette libéralité est personnelle, elle s'adresse à l'époux et à lui seul, et ce serait outrepasser les intentions du donateur que de la la maintenir lorsque le donataire n'en peut plus jouir.

Nous répondrons qu'à ce compte-là, il faudrait décider que toutes les donations entre-vifs sont caduques par le prédécès du donataire, car lorsque un donateur gratifie une personne d'une libéralité, c'est bien au donataire que s'adresse la donation et non à ses héritiers : toute donation est personnelle, c'est bien évident, mais l'objet une fois entré dans le patrimoine du donataire en fait irrévocablement partie. Au reste, en ce qui concerne les donations entre époux, la considération mise en avant pas nos

adversaires est tout particulièrement dénuée de
portée : ces donations sont toujours révocables,
avons nous dit, après le décès du donataire aussi
bien qu'avant : or, si le débat s'engage entre les
héritiers du donataire et le donateur, celui-ci y
mettra immédiatement fin en révoquant la donation qui fait l'objet du litige : si ce sont les héritiers
du donateur, qui attaquent la donation, les magis-
trats devront décider suivant les circonstances si ce
dernier a eu réellement avant de mourir l'intention
de révoquer la donation par lui faite à son conjoint.

3° Les partisans du système contraire ont cru
trouver dans l'art. 1092 un argument *a contrario*
en faveur de leur opinion; cet article est ainsi
conçu : « Toute donation entre-vifs de biens présents, faite entre époux *par contrat de mariage*,
ne sera pas censée faite sous la condition de survie
du donataire, si cette condition n'est formellement
exprimée : » par conséquent, disent-ils la donation
de biens présents faite *pendant le mariage* sera
soumise à cette condition de survie. S'il en était
ainsi, il faut avouer que le législateur aurait
enfoui sa pensée dans un texte d'une clarté
bien douteuse, alors qu'il lui était si facile de s'ex-
primer clairement : mais il n'en est rien. L'argument *a contrario* invoqué par nos adversaires
s'évanouit en présence de l'art. 1093 : il suffit de
lire en effet cet article et l'article qui précède pour
rester convaincu que le contraste n'est pas établi

entre les mots *par contrat de mariage* et *pendant
le mariage*, mais bien entre ceux de *donations de
biens présents* et *donations de biens à venir* : les
unes sont caduques par le prédécès du donataire,
les autres ne le sont pas : tel est le seul argument
a contrario qu'on puisse tirer des termes de l'article 1092, si toutefois on peut appeler cela un argument *a contrario*, puisque la règle est écrite tout au
long dans l'article qui suit.

4° Enfin, on a cru trouver dans le rapprochement
des articles 1086 et 1096 un argument *à fortiori* en
faveur de la doctrine contraire : l'art. 1086, a-t-on
dit, déclare caduques par le prédécès du donataire
des donations facilement révocables : donc les donations entre époux, en raison de leur révocabilité
si complète doivent être soumises à la même cause
de caducité.

Au fond, cela revient à dire, et c'est en somme
tout le système de nos adversaires que l'idée de caducité est intimement liée à celle de révocabilité ;
cette proposition n'est pas admissible, surtout en
présence du texte de l'art. 1093 qui déclare caduques
par le prédécès du donataire des donations qui sont
cependant irrévocables quant à leur titre : « non,
ces deux idées là ne sont pas corrélatives ; et ce qui
résulte, au contraire de nos textes, c'est que la caducité est liée, non pas au caractère révocable ou
irrévocable de la disposition, mais à l'objet de cette
disposition, suivant qu'elle porte sur des biens présents ou sur des biens à venir : non caduque, dans

le premier cas, et caduque, dans le second cas(1). »

Il convient du reste de rappeler la raison pour laquelle le Code a déclaré dans l'article 1086 caduques par le prédécès du donataire les donations faites sous des conditions potestatives de la part du donateur; ces donations ont été autorisées par le législateur de 1804 dans un but bien connu; en faisant fléchir en effet la règle *donner et retenir ne vaut* en faveur de certaines donations contenues dans les contrats de mariage, on facilitait ces donations et on encourageait par là même le mariage; mais il se pouvait que la révocation, restreinte et subordonnée à l'accomplissement d'un certain fait ne put être exercée librement, surtout après la mort du donataire, et c'est pour celà que ces donations furent déclarées caduques en cas de survie du disposant.

Mais rien de pareil n'est à craindre au sujet des donations entre époux; leur révocabilité demeure toujours la même, après la mort du donataire comme pendant sa vie; il n'y avait donc pas de raison d'admettre ici la révocation de plein droit, et le législateur a sagement agi en s'abstenant de la prononcer (M. Colmet de Santerre).

---

(1) M. Demolombe, *Traité des donations*, t. VI, n° 469-2°.

CHAPITRE II

DE LA QUOTITÉ DISPONIBLE ENTRE ÉPOUX

Le Code a créé pour les époux une quotité disponible spéciale, et il s'est inspiré, pour en fixer les
règles, de la faveur qu'il accorde constamment au
mariage et aussi de l'intérêt des enfants des premiers lits qu'une tendresse irréfléchie et poussée à
l'excès aurait souvent pu dépouiller au profit de la
seconde femme; il a consacré à cette matière les
art. 1094 et 1096 dont l'étude qui va faire l'objet de
cette seconde partie de notre thèse, ne se montre
que trop fertile en questions délicates et controversées.

La quotité disponible entre époux est indépendante de l'époque où ont eu lieu les libéralités;
qu'elles aient été faites par contrat de mariage, ou,
pendant le mariage, elle reste la même; nous devons
cependant signaler une différence notable qui existe
entre ces deux sortes de donations; le mineur est
habile à faire à son conjoint, par contrat de mariage
les libéralités qui lui plaisent, sous le consentement
toutefois de ceux dont le consentement est re-
quis pour la validité de son mariage (art. 1095)

mais pendant le mariage, la capacité du mineur
reste régie par l'art. 904 aux termes duquel nous
l'avons vu, parvenu à l'âge de seize ans, il ne peut
disposer par testament que de la moitié des biens
dont il pourrait disposer s'il était majeur; quant
aux donations entre-vifs, elles lui sont absolument
interdites,

Nous diviserons notre chapitre en cinq sections :

1° Du disponible lorsqu'il n'existe point d'héritiers réservataires;

2° Du disponible lorsqu'il existe des ascendants;

3° Du disponible lorsqu'il existe des enfants
communs;

4° Du disponible, lorsqu'il existe des enfants d'un
premier lit;

5° Combinaison de la quotité disponible du droit
commun avec la quotité disponible entre époux.

SECTION PREMIÈRE

DU DISPONIBLE LORSQU'IL N'EXISTE AUCUN HÉRITIER RÉSERVATAIRE

L'époux peut, dans cette hypothèse, laisser à son conjoint la totalité de ses biens, ainsi qu'il le pourrait faire à un étranger (art. 916); c'est ce qui résulte implicitement de l'art. 1094 : tout le monde est d'accord sur ce point, mais quelques jurisconsultes pensent que le Code s'est montré ici trop généreux et quelque peu imprudent; il est bien plus grave, disent-ils, de permettre à une personne de donner tous ses biens à son conjoint que de lui laisser la même faculté vis-à-vis d'un étranger, car le danger de captation est autrement à craindre dans un cas que dans l'autre(1). Nous croyons qu'il eut été singulièrement regrettable que le Code consacrât par une disposition formelle cette défiance envers les époux, en créant uniquement contre ceux-ci une réserve au profit des collatéraux.

(1) M. Demolombe, *Traité des donations*, t. VI, n° 493.

DU DISPONIBLE LORSQU'IL N'EXISTE QUE DES
ASCENDANTS

L'art. 1093 s'exprime ainsi : « L'époux pourra,
soit par contrat de mariage, soit pendant le mariage
pour le cas ou il ne laisserait point d'enfants ni descendants, disposer en faveur de l'autre, en propriété
de tout ce dont il pourrait disposer en faveur d'un
étranger, et en outre, de l'usufruit de la totalité de
la portion dont la loi prohibe la disposition, au préjudice des héritiers. »

Ainsi, lorsque le conjoint se trouvera en présence
de deux ascendants de lignes différentes, il recueil-
lera la pleine propriété de la moitié des biens du
de cujus plus l'usufruit de l'autre moitié, s'il n'existe
qu'un seul ascendant, la quotité disponible s'élè-
vera aux trois quarts de la pleine propriété et en
outre à l'usufruit de l'autre quart, en sorte que la
réserve des ascendants sera réduite dans tous les
cas à une nue propriété.

M. de Malleville juge fort sévèrement cette
bizarre disposition : « Il est véritablement dérisoire, dit-il, de renvoyer les ascendants, pour la

jouissance de leur légitime, à la mort de leurs
gendres ou brus, qui ont évidemment de moins
qu'eux, l'âge d'une génération. » (1) Cette critique est reproduite par un très-grand nombre
d'auteurs, et il paraît bien, en effet, qu'il y a une
véritable dérision à accorder une réserve qui ne
sera la plupart du temps qu'une non-valeur.

Il est vrai que l'ascendant pourra hypothéquer cette nue-propriété, qu'il pourra la vendre;
mais outre qu'il lui sera fort pénible d'aliéner un
bien qui est peut-être depuis très-longtemps dans
sa famille, quel prix retirera-t-il de cette vente,
en présence d'un usufruit reposant le plus souvent
sur une tête très-jeune? Qu'elle a été l'intention
du législateur en créant en général la réserve des
ascendants si ce n'est d'assurer à ceux-ci leur sub-
sistance, lorsque l'âge et les infirmités ne leur per-
mettent plus d'y pourvoir eux-mêmes? Ce but
est-il atteint par l'art. 1094? Qui ne voit que cette
nue-propriété grevée d'usufruit est, dans les mains
d'un vieillard, absolument dépourvue de valeur?

On prétend que le législateur a eu raison d'augmenter la quotité disponible au profit des époux
parce qu'il n'a fait que se conformer ainsi à l'ordre
naturel des affections; mais alors il devait aller
plus loin, et supprimer tout à fait la réserve des
ascendants; c'eût été assurément plus logique et

(1) *Analyse de la discussion du Code civil*, t. II, p. 437.

plus rationel que d'avoir l'air d'accorder quelque
chose, et de ne donner en réalité presque rien,
sinon rien. Ajoutez que, dans cette hypothèse, la
position de l'ascendant est d'autant plus digne
d'intérêt qu'il ne peut réclamer des aliments au
conjoint de son enfant prédécédé; en effet, aux
termes de l'art. 206, la dette alimentaire cesse lorsque celui des époux qui produisait l'alliance est
mort sans postérité.

L'art. 1094 parle de « la portion dont la loi prohibe la disposition au préjudice des *héritiers*; »
c'est *ascendants* qu'il aurait fallu dire, puisqu'il
n'existe plus aujourd'hui d'autres réservataires que
les ascendants. Voici à quoi tient cette erreur de
rédaction; le projet de l'an VIII accordait dans son
art. 16 une réserve à un grand nombre d'héritiers
autres que les enfants ou les ascendants du disposant; le Code a supprimé l'art. 16, mais il a con-
servé l'art. 151 qui est devenu l'art. 1094; cet article 151 était naturellement conforme à la doctrine
de l'art. 16 et c'est pour cela qu'il parlait des *héritiers* auxquels ce dernier accordait une réserve.
Les rédacteurs du Code n'ont pas pensé en le co-
piant que cette doctrine avait été laissée de côté
et qu'il n'y avait plus désormais d'autres héritiers
réservataires que les enfants du donateur et les
ascendants, et c'est par erreur qu'ils ont maintenu
dans l'art. 1094 le mot *héritiers*.

SECTION III

DU DISPONIBLE LORSQU'IL EXISTE DES ENFANTS COMMUNS

L'art. 1094 règle de la façon suivante cette troisième hypothèse : « Pour le cas où l'époux donateur laisserait des enfants ou descendants, il pourra donner à l'autre époux, ou un quart en pleine propriété et un autre quart en usufruit, ou la moitié de tous ses biens en usufruit seulement. » Il convient de rapprocher cet article de l'art. 913 qui détermine la quotité disponible du droit commun, c'est-à-dire celle dont on peut disposer au profit d'un étranger : d'après l'art. 913, la personne qui a un enfant peut disposer de la moitié de ses biens en toute propriété, celle qui en a deux du tiers, et celle qui en a trois et au-dessus du quart seulement.

Il s'agit de savoir si l'art. 1094 a fixé pour les époux une quotité spéciale et invariable, absolument indépendante de celle établie par l'art. 913 au profit des étrangers, ou si l'époux peut, lorsqu'il y trouve son intérêt, abandonner l'art. 1094 et invoquer l'art. 913 pour obtenir la quotité disponible du droit commun; en un mot, si l'art. 1094 est extensif de la quotité disponible ordinaire, s'il constitue une nouvelle faveur ajoutée par le Code à toutes celles dont il a déjà gratifié les époux, ou s'il représente une règle isolée, accordant à l'époux donataire tantôt plus, tantôt moins qu'à un étranger.

Un très-grand nombre de jurisconsultes (1) et la jurisprudence sont d'accord pour voir dans l'article en question une disposition spéciale aux époux, déterminant pour eux une quotité disponible invariable, et ne leur permettant pas, en conséquence, de se référer lorsqu'ils désireraient le faire, aux règles de l'art. 913 : cette quotité sera supérieure, égale ou inférieure à celle d'un étranger suivant le nombre des enfants laissés par le *de cujus*.

Elle sera inférieure, lorsque le donateur sera mort ne laissant qu'un enfant; dans cette hypothèse, en effet, un étranger pourrait garder la moitié des biens en pleine propriété, tandis que l'époux ne peut garder cette moitié qu'en usufruit seulement.

Elle sera égale ou à peu près, lorsque le donataire se trouvera en présence de deux enfants; l'étranger a droit dans ce cas au tiers des biens lais-

---

(1) M. Demolombe, *Traité des donations entre-vifs*, t. VI, pp. 496-500; M. Troplong, t. IV, nᵒˢ 2259 et suivants; Marcadé, sur l'art. 1094 M. Colmet de Santerre, t. IV, nᵒ 274 *bis*, I à VI; Cass., 3 décembre 1845 3 janvier 1869, etc., etc.

sés, et l'époux au quart en pleine propriété et au
quart en usufruit; la part de l'étranger représente
donc les 8/24 de la fortune du disposant, celle de
l'époux sera des 9/24, le quart en nue-propriété
valant 6/24, et le quart en usufruit, suivant la loi
de frimaire an VII, la moitié, c'est-à-dire 3/24; il y
a une légère augmentation de la part de l'époux,
qui doit disparaître, si l'on veut tenir compte de
toutes les chances auxquelles est soumis un usufruit.

En troisième lieu, lorsque le donateur a laissé
trois enfants et au-dessus, la quotité disponible au
profit de l'époux sera plus considérable que celle
au profit d'un étranger. Cette dernière se monte
en pareil cas, au quart des biens en pleine propriété, et l'époux a en plus le quart en usufruit.

On fait remarquer, pour soutenir ce système que
le chapitre dans lequel se trouve l'art. 1094 constitue un ensemble de dispositions complet et spécial;
le législateur a groupé là toutes les règles concer-
nant les libéralités entre époux tant par contrat de
mariage que pendant le mariage, c'est un tout
homogène, qui se suffit à lui-même et qui ne se
réfère point aux autres dispositions du Code; en
conséquence, la quotité disponible de l'art. 913 ne
saurait en aucun cas trouver ici sa place.

Nous nous abusons peut-être. mais il nous semble
que nous nous trouvons ici en présence d'une
véritable pétition de principes : la question est
précisément de savoir si ce chapitre se suffit à lui-

même, si on doit l'isoler entièrement du droit commun, s'il n'est point permis de s'en référer parfois
aux règles de la quotité disponible ordinaire, si,
en un mot, cet art. 1094 est ou n'est pas une disposition de faveur : s'il nous était prouvé que cette
partie du Code contient bien en effet des dispositions absolument exclusives, nous nous rendrions
sans peine au raisonnement des partisans du système que nous exposons, mais c'est justement là,
ce nous semble, le point en litige.

Nous en dirons autant de l'argument puisé dans
l'art. 1099 ; cet article s'exprime ainsi : « Les époux
ne pourront se donner indirectement au-delà de ce
qui leur est permis par les dispositions ci-dessus, »
c'est-à-dire par les art. 1094 et 1098. Mais que per-
mettent ces dispositions ? Voilà ce qu'il s'agit de
savoir, et ce que l'art. 1099 ne décide nullement.

On invoque en second lieu la préoccupation cons-
tante qu'a montré le Code de multiplier les naissances, et c'est pour cela, ajoute-t-on, qu'il n'a pas
voulu que la quotité disponible fût en raison inverse du nombre des enfants, et qu'il a établi une
quotité qui ne varie pas, quelle que soit l'hypothèse
qui se présente. Si le Code avait été vraiment guidé
dans cette occurence par la pensée de favoriser les
naissances, il est difficile de comprendre pourquoi,
dans le cas où l'époux donateur ne laisse aucun
enfant, il a augmenté dans une mesure si considérable en faveur du conjoint donataire la quotité
disponible du droit commun.

Les partisans du système que nous examinons présentent encore un argument du même genre qui ne nous paraît pas très-concluant. La loi a réduit la quotité disponible ordinaire pour le cas où il n'y a qu'un enfant issu du mariage, disent-ils, parce qu'il est alors plus à craindre que l'époux survivant ne convole à de nouvelles noces et ne fasse ainsi sortir de la famille de son premier conjoint la plus grande partie de ses biens. Si cela était vrai, le le législateur aurait fait preuve d'une inconséquence bien étrange en se montrant si généreux envers l'époux qui n'a pas eu d'enfant : dans ce cas-là, en effet, bien plus que dans l'autre, un second mariage est à craindre, et cependant nous voyons l'art. 1094 étendre en vue de cette hypothèse, la quotité disponible au-delà des limites fixées par l'art. 913 : si le législateur ne s'est pas préoccupé de ce danger lorsqu'il était le plus à redouter, comment croire qu'il ait pu le prévoir, alors qu'il se présentait sous des apparences beaucoup moins sérieuses ?

Parmi les arguments qu'invoquent les jurisconsultes qui considèrent l'art. 1094 comme une règle fixe et invariable, indépendante de l'art. 913, arguments dont nous venons d'examiner la plupart, il en est un qui paraît plus sérieux que les autres ; il consiste à dire que le but que se proposait d'atteindre le législateur en créant une quotité disponible spéciale aux époux, était d'assurer à l'époux donataire les moyens de continuer honorablement le genre de vie qu'il avait mené lorsque son conjoint vivait encore ; pour arriver à ce but, disent-ils, il fallait créer une quotité disponible suffisante et qui ne fût pas soumise à des hauts et à des bas suivant le nombre des enfants issus du mariage; c'est pour cela que l'art. 1094 assure au conjoint, en toutes circonstances, le quart en pleine propriété et le quart en usufruit, ou l'usufruit de la moitié des biens, sans que ce taux puisse être abaissé ou élevé. Si l'époux, ajoutent-ils, est moins favorisé qu'un étranger dans le cas où il se trouve en présence d'un seul enfant, c'est que la liberté laissée à l'époux vis-à-vis d'un étranger offre peu de périls, tandis qu'il importait de garantir la famille du donateur et le donateur lui-même contre les entraînements et contre les libéralités exagérées qu'il est porté à faire à son conjoint : *Lex arctius prohibet quod facilius fieri potest.*

Si cette observation était juste, il faudrait se demander pourquoi la sollicitude du législateur ne s'éveille que dans un seul cas, et pourquoi ce cas est justement celui où il semble bien que le danger soit le moins grand, puisque la quotité disponible renfermée dans les limites de l'art. 913 laisserait encore à la réserve une assez belle part, la moitié des biens ! Mais nous ne pensons pas qu'elle soit fondée et rien n'autorise à dire que le Code qui s'est jusque là montré si favorable aux époux s'est laissé envahir tout-à-coup par un sentiment de défiance inexplicable, et a décidé de faire à l'époux un sort plus modeste que celui qu'il faisait à un étranger.

Le système que nous venons d'exposer et de réfuter brièvement (nous allons y revenir tout-à-l'heure) avait été jusqu'en 1841 universellement adopté par la doctrine et la jurisprudence ; ce ne fut donc qu'une quarantaine d'années environ après la promulgation du Code Napoléon qu'un professeur de la Faculté de Toulouse, M. Benech, dans un ouvrage qui eut à cette époque un grand retentissement, proposa une nouvelle interprétation de l'article 1094, prétendit qu'il ne fallait y voir qu'une extension de la quotité disponible ordinaire et qu'en conséquence, dans le cas où l'époux se trouve en présence d'un seul descendant, il lui est loisible de conserver en pleine propriété la moitié des biens du *de cujus*, absolument comme pourrait le faire un étranger.

Le système de M. Benech eut la bonne fortune de rallier à lui un certain nombre d'autorités juridiques, en tête desquelles nous devons citer M. Valette ; mais, il faut bien l'avouer, la majorité des jurisconsultes lui est restée hostile et la jurisprudence s'est constamment refusée à l'adopter. Nous croyons cependant qu'il rend la véritable pensée du Code, et nous allons essayer de le prouver en examinant les raisons sur lesquelles il repose.

Trois arguments doivent être invoqués: l'esprit de la loi, les textes et les travaux préparatoires du Code.

En premier lieu, l'esprit de la loi; et c'est là, nous devons le dire, la considération la plus puissante qui nous pousse à adopter le système de M. Benech. Le Code est en effet rempli de dispositions favorables aux époux : nous en avons déjà passé en revue un certain nombre, dans le cours de cette étude et il en existe beaucoup d'autres : il n'est un mystère pour personne que le législateur de 1804 a eu à tâche d'encourager le mariage autant qu'il le pouvait faire, et nous nous trouverions tout à coup en présence d'une disposition de défiance tout à fait en dehors de l'esprit général du Code sur la matière et que rien ne justifie!

Il faut cependant opter, sous peine d'accuser la loi d'une inconséquence inexplicable : ou la quotité disponible a été étendue en faveur des époux, ou elle a été restreinte : or, qui ne doute qu'elle n'a été étendue, et même dans une très-large mesure, en présence du premier alinéa de l'art. 1094 qui ne laisse au profit des ascerᵈants qu'une réserve dérisoire, et dans le cas où le disposant laisse trois enfants et plus; puisqu'il peut alors donner à son époux un quart de plus en usufruit qu'il ne pourrait donner à un étranger? Ainsi, d'après le système que nous combattons, le législateur aurait donc choisi précisément l'hypothèse où la réserve est la plus considérable pour diminuer la quotité disponible de droit commun au préjudice de l'époux! Quelle pourrait bien être la raison de cette étrange anomalie? Pourquoi le titre d'époux deviendrait-il tout à coup une cause de défiance aux yeux de la loi et placerait-il le donataire dans une condition inférieure à celle d'un étranger? Dira-t-on que c'est pour protéger le donateur contre ses propres entraînements? Mais pourquoi ne pas le protéger, lorsqu'il laisse plusieurs enfants? Pourquoi lui permettre dans ce cas de dépasser les limites de la quotité disponible ordinaire? Il semble bien cependant que si la sollicitude de la loi devait s'éveiller, ce serait plutôt dans l'hypothèse où les enfants étant plus nombreux, les libéralités faites à l'époux leur sont plus préjudiciables que dans celle où l'enfant est toujours sûr de conserver la moitié des biens laissés : et nous voyons qu'il n'en est rien.

Si l'on se refuse à voir dans l'article 1094 une extension de l'article 913 établie au profit des époux, il faut se résigner à admettre cette anomalie, il faut reconnaître que le fait d'avoir un seul enfant constitue aux yeux de la loi un tort inexplicable, mais pourtant bien certain puisque dans toutes les autres hypothèses, l'époux est mieux traité qu'un étranger, et que dans celle-là seule, il l'est moins bien.

2º Les termes même de l'art. 1094 laissent échapper la véritable pensée de la loi : l'époux, dit cet article, *pourra* donner à l'autre époux ou un quart en propriété et un autre quart en usufruit, ou la moitié de tous ses biens en usufruit seulement : cette formule permissive ne montre-t-elle pas clairement que le Code, loin de vouloir restreindre au préjudice des époux la quotité disponible ordinaire, lui donne au contraire une extension nouvelle en leur faveur? Se servirait-il de cette expression s'il voulait enlever aux époux le bénéfice du droit commun?

Il n'y a, pour se convaincre du contraire , qu'à comparer les termes de l'art. 1094 avec ceux de l'article 913 : dans ce dernier article en effet, il est dit que les libéralités, soit par acte entre-vifs, soit par testament, *ne pourront* excéder la moitié des biens du disposant, s'il ne laisse à son décès qu'un seul enfant légitime : *ne pourront*, voilà la vraie formule restrictive, et nous la retrouvons en effet dans maint autre article, partout où il s'agit d'une prohibition : pourquoi le Code ne s'en est-il point servi dans l'art. 1094, puisqu'au dire de nos adversaires, il contient une restriction au droit commun? Nous voyons cependant que quelques lignes plus loin, à l'article 1098 qui lui, contient vraiment une restricton à la quotité disponible ordinaire, il ne néglige point de se servir de sa formule habituelle : « L'homme ou la femme qui, ayant des enfants d'un autre lit, contractera un second ou subséquent mariage, *ne pourra* donner à son nouvel époux qu'une part d'enfant légitime le moins prenant, et sans que dans aucun cas ces donations puissent excéder le quart des biens. »

Il nous est donc permis de conclure de cette comparaison, qu'en écrivant l'art. 1094, le législateur

songeait à étendre le disponible de l'art. 913, et
non à le restreindre.

3° Les travaux préparatoires du Code sont, dans
la question, qui nous occupe, le terrain le plus dis-
puté de part et d'autre : le système de M. Benech
y puise des arguments, et le système opposé repose
à peu près en entier sur lui : nous croyons, pour
notre part, y voir s'y refléter d'une façon bien ma-
nifeste l'esprit que nous attribuons au Code.

D'après l'art. 16 du projet de l'an VIII, qui fut
présenté au Conseil d'Etat par Jacqueminot, la
quotité disponible était invariablement fixée au
quart des biens en pleine propriété, que le *de cujus*
laissât un ou plusieurs enfants : l'art. 151 du même
prpjet étendait au profit des époux la quotité disponible ordinaire, en ajoutant au quart en pleine
propriété un quart en usufruit : il y avait donc chez
les auteurs du projet l'idée bien arrêtée de faire à
l'époux donataire un sort préférable à celui fait aux
étrangers. Que sont devenus dans le Code les articles 16 et 151 du projet de l'an VIII ?

L'art. 16 subit de profondes modifications avant
de devenir notre art. 913 : la quotité disponible pri-
mitivement fixée au quart pour toutes les hypothèses se vît élever au tiers et à la moitié des
biens lorsque le *de cujus* laissait deux enfants ou
un seul : en outre la réserve des collatéraux fut
supprimée et il ne resta plus comme héritiers réservataires que les ascendants et les descendants : il
en fut autrement de l'art. 151 qui devint notre ar-

ticle 1094 sans qu'il fût rien changé à sa première
rédaction. Les modifications que subit l'art. 16 du
projet en devenant l'art. 913 du Code prouvent-elles
le moins du monde que l'esprit qui animait les rédacteurs du projet ait été aussi modifié, et que loin
de vouloir étendre le disponible au profit de l'é-
poux, on le restreignait au contraire à son préjudice? Evidemment non : il est impossible d'affirmer
qu'en augmentant le disponible ordinaire au profit
des étrangers, on restreignait par là même celui des
époux, et que l'art. 151 auquel il n'avait pas été
touché, prenait, en passant dans le Code civil, un
sens tout différent de celui qu'il avait dans le projet
de l'an VIII.

Les adversaires du système Benech puisent dans
les travaux préparatoires du Code leur plus forte
objection : la voici. Lorsque l'art. 151 du projet
fut présenté au tribunat, la section de législation
proposa pour le deuxième alinéa la rédaction suivante : « Dans le cas où il y aurait des enfants, la
» section pense qu'il est juste qu'un époux puisse
» donner à l'autre tout ce dont il pourrait disposer en
» propriété, c'est-à-dire autant qu'il pourrait donner
» à un étranger, ou la moitié de ses biens en usu-
» fruit seulement. » La section proposait en un mot
une rédaction conforme au système de M. Benech ;
mais le Conseil d'Etat ne crut pas devoir modifier
la première rédaction de l'art. 1094 et on en conclut
qu'il entendit ainsi repousser le fonds même de la
demande adressée par la section de législation.

On serait tenté à première vue de penser qu'en effet le Conseil d'Etat rejeta la proposition du tribunat comme non conforme à l'esprit de la loi : mais en allant plus au fond des choses, on reconnait que ce rejet eut précisément lieu parce que la rédaction de l'art. 1094 était suffisamment nette et explicite et qu'il allait de soi que l'époux pourrait toujours être au moins aussi bien traité qu'un étranger. Ce n'est point là une affirmation purement gratuite : la réclamation de la section de législation ne s'arrêtait pas en effet à ce seul objet ; elle demandait aussi qu'on ajoutât dans l'article au mot *disposer* les mots *par acte entre-vifs ou par testament* et qu'on substituât au mot d'*héritiers* l'expression plus exacte d'*ascendants* ; ces demandes furent rejetées comme l'autre, parce que, comme l'autre, elles étaient inutiles aux yeux du Conseil d'Etat.

Pourquoi eût-on ajouté aux mots *disposer* ceux de *par acte entre-vifs ou par testament,* puisque ces deux manières de disposer à titre gratuit sont les seules dont le Code autorise l'usage? Pourquoi eût-on substitué au mot d'*héritiers* celui d'*ascendants,* puisque les héritiers au détriment desquels on ne peut disposer, ne sont autres que les réservataires? Pourquoi enfin eût-on parlé du disponible ordinaire, puisque dans la pensée des législateurs du Conseil d'Etat, il était hors de doute que la création d'un disponible exceptionnel au profit des époux, ne prohibait en aucune façon l'emploi du disponible de droit commun?

La seconde partie de l'art. 1094 semble renfermer une alternative ridicule : le législateur fixe en effet la quotité disponible entre époux au quart en propriété et au quart en usufruit, ou à la moitié en usufruit seulement; et la seconde de ces propositions est contenue dans la première comme le moins l'est dans le plus : comment expliquer cette disposition bizarre? Quelques auteurs ont pensé que le quart en propriété ne devait s'entendre ici que du quart en nue-propriété, et qu'un quart en nue-propriété et un quart en usufruit équivalait à une moitié en usufruit : cette interprétation ne nous parait pas devoir être admise, car il est peu probable que le législateur en donnant dans le premier alinéa de l'art. 1094 au mot de propriété son vrai sens, c'est-à-dire celui de pleine propriété, ait, deux lignes plus loin, changé la valeur de cette expression en ne lui faisant plus signifier que nue-propriété.

Il faut, pour trouver le sens de cette disposition remonter aux travaux préparatoires du Code : l'article 17 du projet de l'an VIII portait que le disponible en usufruit ne pourrait jamais excéder le disponible en pleine propriété; l'art. 151, avons nous dit, ajoutait pour les époux un quart en usufruit, ce qui faisait ou un quart en pleine propriété et un quart en usufruit, ou un quart en usufruit plus un autre quart en usufruit, c'est-à-dire une moitié en usufruit : il y avait donc en faveur des époux la même extension que nous signalions plus haut.

Mais l'art. 17 du projet disparut entièrement et

l'art. 917 du Code qui tient sa place ne rappelle en
aucune façon ses dispositions : l'art. 917 afin de prévenir les difficultés et les contestations qui naissent
à l'ordinaire des réglements et des réductions des
libéralités en viager permet au disposant de donner
telle portion d'usufruit qu'il jugera à propos, sauf
le droit pour les héritiers réservataires, d'abandonner aux donataires ou légataires le disponible en
pleine propriété, s'ils trouvent trop onéreuse la
charge d'usufruit qui leur est imposée.

D'après les adversaires du système proposé par
M. Benech et que nous avons exposé plus haut, les
mots *ou la moitié en usufruit seulement* de l'article
1094 auraient un sens purement restrictif ; ils voudraient dire que l'époux ne pourra pas gratifier son
conjoint des deux tiers en usufruit, encore que les
deux tiers en usufruit ne soient pas supérieurs à un
quart en propriété et un quart en usufruit ; la théorie que contenait l'article 17 du projet Jacqueminot
serait, à les en croire, restée intacte dans l'article
1094 du Code, et la disposition de l'article 917 ne
serait jamais applicable aux époux.

Pour que cette solution fût acceptable, il faudrait
prouver ce qui ne nous paraît pas l'être encore, que
les rédacteurs du Code en remaniant les articles du
projet pour en faire les articles que le Code consacre à la quotité disponible, ont aussi entièrement
changé l'esprit qui avait présidé à leur rédaction,
et que, alors que dans le projet, les époux étaient
manifestement avantagés, ils n'avaient plus dans

le Code qu'une position inférieure à celle du droit commun ; il est au contraire certain que le titre d'époux est un titre favorable aux yeux de la loi, et on ne comprendrait pas pourquoi un étranger pourrait invoquer l'article 917, et pourquoi l'époux ne le pourrait pas ; il semble que par *a fortiori* tout ce qui est permis à l'étranger doit être permis à l'époux et, au surplus, puisque c'est surtout dans un but d'utilité pratique qu'a été écrit l'article 917, cette considération se retrouve aussi bien dans l'hypothèse où l'époux est donataire que lorsque c'est un étranger qui est avantagé.

Si le système que nous combattons était vraiment celui de la loi, il faudrait se résigner à la taxer d'une grave inconséquence ; l'article 1098 en effet donne à l'époux donataire une situation inférieure à celle qui lui est faite par l'article 1094 ; cela est incontestable, mais comme l'article 1098 ne s'occupe pas des dispositions en usufruit qui pourraient être faites au second époux et ne fixe pas comme l'autre une limite prétendue infranchissable, on lui appliquerait nécessairement l'article 917, en sorte que dans l'hypothèse de l'art. 1098, l'époux serait mieux traité que dans celle de l'art. 1094, résultat tout à fait contraire au vœu de la loi, ainsi qu'on vient de le voir.

On objecte parfois que c'est dénaturer l'intention du disposant que de substituer l'abandon du disponible à un don en usufruit ; cette objection s'attaque au système tout entier de l'art. 917 que nous n'avons pas mission de défendre ; c'est une critique au fond qui n'entame en rien notre raisonnement' lequel ne porte que sur le point de savoir si l'article 917 est oui ou non applicable au deuxième alinéa de l'article 1094.

Notre article 1094 donne lieu à quelques règles d'interprétation qu'il convient d'examiner : lorsque le donateur ou le testateur a, par exemple, laissé à son conjoint le plus fort disponible, ou tout ce dont la loi lui permet de disposer, que comprendra cette disposition ? elle comprendra sans aucun doute la plus forte quotité comprise sous l'alternative de l'art. 1094, c'est-à-dire, le quart en propriété et le quart en usufruit.

On a contesté cette solution, relativement au cas où le légataire se trouve en présence des ascendants réservataires ; cette contestation n'est au fond qu'une critique de la situation qui est faite aux ascendants par le premier alinéa de l'art. 1094, car lorsqu'un testateur déclare laisser tout ce dont la loi lui permet de disposer, on ne voit guère en vertu de quel principe il faudrait laisser ce legs en deçà de la quotité disponible établie par la loi.

Mais lorsque le disposant se sera servi des termes même de la loi, et qu'il aura donné le quart en propriété et le quart en usufruit ou la moitié en usufruit seulement ; à qui appartiendra le choix ? si l'intention du testateur ou du donateur ressort clairement des termes de la disposition, ce sera aux juges à décider ; s'il y a doute, les uns pensent que l'époux aura le droit de choisir, les autres que le choix appartiendra aux héritiers, comme à tous débiteurs sous une alternative (art. 1190); cette seconde opinion est la bonne, croyons-nous, et elle a pour elle, outre l'article cité, l'art. 1022 relatif au legs de choses indéterminées.

On agite aussi la question de savoir si le disposant a le droit de dispenser son conjoint de donner caution, lorsqu'il l'a investi de l'usufruit d'une partie de ses biens; la jurisprudence et un certain nombre d'auteurs se fondent sur l'art. 601 pour déclarer qu'il le peut; aux termes de cet article en effet, « l'usufruitier doit donner caution... s'il n'en est dispensé par le titre constitutif de l'usufruit »; c'est précisément là l'hypothèse prévue : en outre, ajoutent les partisans de ce système, l'art. 618 apporte un remède suffisant à l'abus que pourrait faire l'époux de sa jouissance, et son autorité paternelle se trouverait compromise s'il devait donner caution à ses enfants.

Ces arguments ne nous touchent point, et nous croyons avec la majorité des auteurs que le disposant ne saurait dispenser son conjoint usufruitier de donner caution; la réserve est une portion de la succession qui doit rester intacte, inviolée, et elle s'exposerait à l'être si l'usufruitier n'apportait aucune garantie; les motifs qui ont inspiré l'art. 601 sont impuissants à le faire admettre ici; le législateur est en effet parti de cette idée que: « qui peut le plus peut le moins », et qu'un donateur qui aurait pu se dé-

pouiller de la pleine propriété d'un bien, a pu naturellement dispenser l'usufruitier de donner caution ;
dans sa pensée, ces biens que grèvent l'usufruit,
sont disponibles en pleine propriété.

Toute autre est la nature des biens sur lesquels
porte l'usufruit de l'époux donataire ; ils constituent
la réserve, et, nous le répétons, ce serait l'exposer à
la voir entamée, que de ne pas l'entourer d'une sérieuse garantie. Cette garantie, elle vous est suffisamment fournie par l'art. 618, nous dit-on, mais
nous répondrons à cela qu'il vaut mieux avoir à
prévenir le mal qu'à le réparer, et que dans tous les
cas, lorsqu'il s'agit de choses fongibles, les réservataires restent exposés à un danger des plus réels,
l'insolvabilité du donataire, et que c'est en vain
qu'ils chercheraient alors dans l'art. 618 un remède
à cette situation.

Quant à dire que l'autorité paternelle se trouvera
compromise, parce que l'époux donataire aura donné caution de jouir en bon père de famille, c'est ce
qui nous paraît plus que douteux ; cette garantie n'a
rien d'injurieux pour l'usufruitier, et elle est prise
moins contre la fraude et l'abus que contre les suites
d'une administration inhabile ou malheureuse ;
au reste, cette considération disparaît tout à fait
dans le cas où les réservataires sont des ascendants.

SECTION IV

DE LA QUOTITÉ DISPONIBLE ENTRE ÉPOUX LORSQUE LE DISPOSANT A DES ENFANTS D'UN PREMIER LIT

Lorsque le donateur veut avantager son second époux et qu'il a des enfants de son premier mariage, la loi, dans l'intérêt de ces enfants, organise une quotité disponible restreinte; c'est l'objet de l'art. 1098 qui s'exprime ainsi: « L'homme ou la femme qui, ayant des enfants d'un autre lit, contractera un second ou subséquent mariage, ne pourra donner à son nouvel époux qu'une part d'enfant légitime le moins prenant, sans que, dans aucun cas, ces donations puissent excéder le quart des biens ».

La loi a veillé avec plus de sollicitude sur le sort des enfants du premier lit qu'elle ne l'avait fait sur celui des enfants communs, parce qu'il existe pour eux un danger plus grand d'être dépouillés au profit du nouvel époux; cette idée est si vraie, que la disposition de l'art. 1098 existait déjà en principe dans le droit romain et dans notre ancien droit, et que c'est à ces législations qu'elle a été empruntée. Nous avons vu, en terminant l'étude des lois romaines

relatives à notre matière, que les empereurs chrétiens, Théodose et Valentinien, avaient, par plusieurs constitutions spéciales, réglé les secondes
noces, et en partie la situation du nouvel époux en
face des enfants du premier lit ; d'après la constitution *Hâc edictali*, le père ou la mère, veuf avec enfants qui se remariait, ne pouvait donner à son nouvel époux qu'une part d'enfant le moins prenant,
et la constitution *Fœminœ quœ* enjoignait à la
femme veuve et ayant des enfants qui se remariait,
de conserver pour les leur remettre tous les biens
qui lui avait été donnés par son premier mari ; cette
disposition fut ensuite étendue au veuf.

Ces deux règles romaines qui étaient observées
dans les pays de droit écrit, furent introduites dans
les pays de coutume en 1560 par le célèbre *Edit des
secondes noces*, rendu par François II, sous l'inspi-
ration du chancelier de l'Hospital. Cet édit avait
deux chefs qui reproduisaient à peu près littérale-
ment les deux constitutions romaines, *Fœminœ
quœ et hâc edictali*. Notre art. 1098 a reproduit le premier chef ; quant au second qui défendait à la veuve
de donner à son nouvel époux ou même à un étranger les biens qu'elle avait reçus de son premier
mari, il a disparu et il ne pouvait en être autrement en présence des nouvelles règles que consa-
crait le Code : d'une part, en effet, il contenait une
substitution qui ne rentrait point dans le nombre
des substitutions permises ; et, d'autre part, il
venait à l'encontre de ce principe nouveau, destiné

à abolir une des règles fondamentales de l'ancien droit, que la loi ne recherche pas l'origine des biens, pour en régler la dévolution. Mais les rédacteurs du Code civil, s'ils n'ont pas reproduit toutes les dispositions de l'Édit des secondes noces, ont innové sur un point : la fin de l'article qui porte que la part faite à l'époux ne pourra jamais excéder le quart des biens, constitue en effet une règle nouvelle qui ne se trouvait ni dans le droit romain, ni dans l'ancien droit.

Avant d'aller plus loin, il convient d'examiner si l'art. 1008 établit une règle d'incapacité ou une règle d'indisponibilité. Cette question est grave, car les résultats diffèrent absolument suivant la réponse que l'on donne. S'agit-il par exemple d'une règle d'incapacité? il faudra se placer au moment où a lieu la libéralité pour savoir si les parties ont, l'une, la capacité de disposer, l'autre, celle de recevoir ; la sanction consistera dans la nullité de la libéralité.

S'agit-il au contraire d'une règle d'indisponibilité, ce ne sera plus au moment de la disposition qu'il faudra le placer pour apprécier la valeur de l'opération, mais bien au décès du disposant : c'est alors seulement qu'il sera possible de savoir, en comparant le nombre des héritiers réservataires et l'importance des biens compris dans la succession, si la quotité disponible a été ou non dépassée; en outre, la sanction consistera non point à annuler la disposition, mais à la ramener aux limites du disponible. Il est parfaitement certain que l'art. 1098 établit une règle d'indisponibilité : c'est à peine si sa forme restrictive pourrait faire naître un doute à ce sujet, et dans tous les cas, il suffirait pour le dissiper, de faire remarquer que les art. 913 et 915 sont rédigés de la même manière et que personne ne doute qu'ils ne contiennent une règle d'indisponibilité, et non d'incapacité. Il serait d'ailleurs par trop bizarre d'annuler la libéralité faite par l'époux, parce qu'elle dépasserait une certaine quotité qu'il lui était absolument impossible de connaître au moment de la donation.

L'article 1098 est donc écrit dans l'intérêt des enfants du premier lit, enfants légitimes ou légitimés bien entendu : les enfants naturels ne pourraient se prévaloir de sa disposition, c'est ce qui résulte de son texte et de son esprit ; mais relativement aux enfants adoptifs, la question est assez controversée ; nous croyons qu'il convient de donner pour eux la même solution que pour les enfants naturels, et par les mêmes motifs ; on ne peut faire entrer en effet les enfants adoptifs sous la dénomination d'enfants d'un premier lit, et l'art. 1098 contenant une disposition exceptionnelle, n'est pas susceptible d'une large interprétation.

On a soutenu que les enfants du premier lit pouvaient exercer l'action en réduction, alors même qu'ils renonçaient à la succession de l'époux donateur, et on s'est fondé surtout sur l'opinion des anciens auteurs, Pothier, Ricard et Renusson, qui pensaient que cette action appartenait aux enfants *jure sanguinis, jure naturali* (1).

Nous croyons avec la presque unanimité des auteurs, que cette action ne constitue point un droit *sui generis*, qu'elle n'est qu'une réserve, et il est acquis d'après l'ensemble des dispositions du Code sur cette matière, que ceux-là seuls ont le droit d'invoquer la réserve, qui ne renoncent point à la succession du *de cujus* ou qui n'en sont point écartés comme indignes.

La quotité disponible est fixée, avons-nous dit, dans l'hypothèse qui nous occupe, à une part d'enfant *le moins prenant*. Quoique l'égalité de partage entre tous les enfants du *de cujus* constitue aujourd'hui la règle générale établie par le Code, il se peut que l'un des enfants ait été avantagé par préciput. L'époux n'aura alors qu'une part virile, déduction faite des sommes qui composent la donation attribuée au préciputaire : ainsi, s'il y a cinq enfants, on fera une sixième part pour l'époux. On discutait fort dans l'ancien droit la question de savoir si, pour déterminer le droit du nouvel époux, il faut prendre pour base ce que l'enfant le moins prenant recueille en fait, où ce qu'il pourrait recueillir en droit : si, par exemple, lorsqu'un père a constitué à sa fille une dot inférieure au montant de sa réserve, et que celle-ci veut bien s'en contenter, le

(1) M. Troplong, t. IX, n° 2723.

nouvel époux est forcé de s'en tenir à cette quotité. De nos jours, le doute n'est pas possible ; il est certain que la part de l'époux est égale à la réserve, c'est-à-dire à la part *du droit* de l'enfant le moins prenant ; décider autrement serait faire dépendre le sort de l'époux du fait de l'un des enfants, et peut-être de sa collusion frauduleuse avec les autres (1).

Pour déterminer la part qui revient à l'époux avantagé, il faudra compter les enfants que laisse le donateur, non-seulement les enfants du premier lit, mais aussi les enfants communs : quant aux enfants d'un enfant prédécédé, ils ne comptent que pour une tête, quelle que soit leur nombre (art. 914). Que faut-il décider, au cas où l'époux ne se trouve en présence que des descendants d'un enfant unique prédécédé ? Pourra-t-il réclamer une part aussi grande que s'il ne se trouvait en concours qu'avec un seul enfant, c'est-à-dire un quart, puisque sa part ne peut jamais dépasser cette limite, ou bien devra-t-il se contenter d'une portion égale à celle que reçoit chacun des petits-enfants ?

Pothier, Ricard, Lebrun, et la plupart des anciens auteurs tranchaient la question contre l'époux et décidaient qu'il devait concourir avec les petits-enfants, parce que, disaient-ils la représentation n'ayant pas lieu dans cette hypothùse, les descendants succédaient par tête et non par souche.

(1) M. Demolombe, t. VI, n° 582.

On décide généralement aujourd'hui que l'époux aura le quart des biens, comme ne se trouvant en présence que d'un seul enfant ; le Code parle en effet d'une part d'enfant et non d'une part de petit enfant, et il serait injuste que le prédécès de l'enfant unique vînt amoindrir les droits de l'époux ; il y aurait de plus à redouter que cet enfant, pour diminuer frauduleusement ces droits ne vînt à renoncer, et à forcer ainsi l'époux donataire à se contenter de la même portion que ses enfants, lesquels sont peut-être fort nombreux.

Lorsqu'il n'existe plus aucun enfant du premier lit, ou que ceux qui ne sont pas prédécédés renoncent à la succession ou en sont écartés comme indignes, la quotité restreinte de l'article 1098 disparaît pour faire place à celle de l'article 1094, cela est hors de doute ; mais que décider au cas où le défunt, employant les termes mêmes de là loi, aura laissé à son second conjoint *une part d'enfant* ? Pothier, empruntant à Ulpien cette règle : « Partis appella- » tio, non adjecta quota, dimidia intelligitur (1), » donnait en ce cas à l'époux la moitié de la succession. De nos jours, quelques auteurs voudraient accorder à l'époux avantagé en ces termes la totalité de son disponible, c'est-à-dire toute la succession lorsque le disposant n'a pas laissé d'héritiers réservataires ; mais la majorité des auteurs, d'ac-

---

(1) L. 164, § 1, D., *De verb. signif.*

cord avec la jurisprudence, décide avec raison, selon nous, que cette disposition aura pour effet de faire attribuer à l'époux donataire le quart des biens, c'est-à-dire la plus forte quotité disponible que contienne, d'après l'article 1098, cette part d'enfant, à moins toutefois que la volonté du disposant ne soit formellement déclarée ou qu'elle résulte clairement des circonstances.

Nous avons indiqué quelques lignes plus haut sur quels biens l'époux donataire doit calculer sa quotité disponible : s'il n'y a pas eu de libéralité préciputaire, c'est sur la masse totale des biens de la succession ; lorsqu'il y a eu une libéralité par préciput, on la déduit de la masse totale : que décider au cas où le disposant a fait à l'un de ses enfants une libéralité qui n'est point hors part ? l'époux peut-il exiger que le montant en soit réuni à la masse des biens laissés pour caculer sa part sur le total ? Supposons, pour mieux faire saisir notre pensée, que la fortune que laisse le *de cujus* à sa mort est de 90,000 francs, le nombre de ses enfants de quatre et qu'il a fait don à l'un d'eux en avancement d'hoirie d'une somme de 10,000 francs ; la part de l'époux sera-t-elle calculée sur 90,000 francs ou sur 100,000 ? sur 100,000, selon nous : on pourrait objecter que d'après l'article 857 le rapport n'est dû que de cohéritier à cohéritier et que l'époux, n'étant que donataire, n'y a point droit ; mais nous répondrons qu'il ne s'agit pas ici d'un rapport réel, mais bien d'un rapport fictif ; que la femme, loin de réclamer une part de ces 10,000 francs auxquels elle n'a aucun droit, ne fait que demander aux enfants l'imputation sur leur part héréditaire de cette somme de 10 mille francs qui n'a été donnée qu'à titre d'avancement d'hoirie (1).

Une question plus délicate est celle de savoir si lorsque l'époux a reçu une donation dont le montant excède la quotité disponible de l'article 1098, cet excédant doit être réparti entre l'époux lui-même et les enfants, où si ce sont ces derniers seuls qui en profitent. Un assez grand nombre d'auteurs, et en particulier M. Troplong, tiennent pour la seconde solution, et leur principal argument est tiré de notre ancienne jurisprudence qui décidait la question en ce sens en se basant elle-même sur les termes de la constitution *Hac œdictali :* « Quod » plus in eo quod relictum aut datum est aut no- » vercœ aut vitrico... competit filiis, et inter eos » solos ex œquo dividitur (2). »

Voici l'espèce imaginée par M. Troplong : Un homme a institué sa femme sa légataire universelle: il meurt laissant 80,000 francs de biens et quatre enfants d'un premier mariage ; le quart disponible est donc de 20,000 francs, et la réserve de 60,000 fr. somme qui, répartie entre les quatre enfants, donne à chacun 15,000 fr. La part de l'époux sera réduite à

---

(1) M. Demolombe, t. VI, n° 594 ; MM. Zachariæ, Aubry et Rau, t. VI, n° 628.
(2) Chap. 22, cap. VII, § 6.

15,000 fr. en vertu de l'art. 1098, et il restera 5,000 fr;
ces 5,000 fr. seront-ils divisés en cinq parts et distri-
bués aux enfants et à la femme, où ne feront-ils que
quatre parts dont celle-ci sera exclue ? Malgré l'autorité de nos anciens auteurs, nous ne croyons pas
qu'on puisse légitimement exclure la femme de ce
partage supplémentaire ; agir ainsi, serait se mettre
en contradiction formelle avec les articles 922 et
1098 de notre Code ; d'après le premier de ces articles en effet, c'est sur la masse totale des biens
donnés et des biens existants que l'on calcule la
quotité disponible, et, dans l'espèce, le calcul ne
porterait pas sur la masse totale des biens, puisqu'on laisserait en dehors une certaine partie de ces
biens : quant à l'art. 1098 aux termes duquel l'é-
poux a droit à une part d'enfant le moins prenant, il
ne serait pas moins violé, puisque la part de l'époux
resterait inférieure à celles attribuées aux enfants.

La rédaction de l'article 1098 a fait naître une
difficulté fort débattue entre les commentateurs du
Code ; il s'agit de savoir si la personne qui a contracté plusieurs mariages successifs, ne peut disposer au profit de ses nouveaux époux que d'une
valeur générale n'excédant pas une part d'enfant
le moins prenant, ou si elle peut donner à chacun
d'eux une part d'enfant, sous la condition toutefois
de ne pas excéder la quotité disponible ?

Dans notre ancien droit, Pothier décidait que
l'époux, quel que soit le nombre des conjoints qu'il
a successivement eus, ne pouvait disposer en leur

faveur que d'une part d'enfant, et il se fondait sur ces expressions de l'Edit « les femmes ne peuvent » donner à leurs nouveaux maris plus qu'à un de » leurs enfants »; *à leurs nouveaux maris* et non *à chacun de leurs nouveaux maris :* c'était aussi l'avis de Ricard et de la plupart de nos anciens ju-risconsultes.

De nos jours, trois systèmes se sont formés sur cette question : d'après M. Duranton, le convolant peut épuiser toute sa quotité disponible au profit de ses époux successifs, pourvu que chacun d'eux ne reçoive pas au-delà d'une part d'enfant le moins prenant : l'article 1098, en effet, n'a pas reproduit les termes de l'Edit de 1560, car tandis que celui-ci parlait des *nouveaux maris* pris collectivement, notre article emploi l'expression de *nouvel époux*, ce qui signifie bien clairement que chaque nouvel époux a droit à une part d'enfant. Ce système ne nous paraît pas devoir être admis, en présence de la fin de l'article 1098, qui est ainsi conçue « sans que, dans aucun cas, ces donations puissent excé-der le quart des biens ».

Dans un second système, professé par M. De-mante, on déclare que chaque époux pourra rece-voir une part d'enfant jusqu'à ce que le quart des biens soit atteint : ce système invoque les termes de l'article 1098, et notamment ces mots « sans que » ces donations puissent excéder le quart des » biens » : ce pluriel semble bien indiquer dit-on que dans l'esprit de la loi il est question de libéralités successives ; outre que ce point de vue n'est pas très-exact, car les mots *ces donations*, peuvent signifier tout simplement les donations dont il s'agit, cette fin de l'article 1098, ne saurait avoir la portée qu'on lui attribue; elle fut ajoutée en effet, sur la proposition de Berlier, non pour régler le cas de plusieurs convols successifs, mais pour empêcher que l'époux avantagé ne puisse conserver le tiers ou la moitié des biens du *de cujus*, lorsqu'il ne laisse qu'un ou deux enfants.

Enfin, d'après un troisième système que nous croyons devoir adopter, le père ou la mère remariés ne peuvent donner à leurs nouveaux époux ensemble qu'une part d'enfant le moins prenant; la rédaction de l'art. 1098 ne saurait, à notre avis, rendre la véritable pensée de la loi, attendu qu'elle n'est nullement explicite et qu'on peut l'invoquer avec un égal succès dans les différentes solutions proposées; mais nous savons que notre législation sur la quotité disponible entre époux au cas de subséquent mariage est plus rigoureuse encore que l'édit; or l'Edit n'accordait aux nouveaux époux pris collectivement qu'une part d'enfant le moins prenant, il n'y a donc aucune raison pour que le Code ait voulu se montrer sur ce point plus favorable que l'Edit aux nouveaux conjoints.

La quotité établie par l'art. 1098 est indépendante de la forme et de la nature des libéralités : que l'époux ait été avantagé par contrat de mariage ou pendant le mariage, qu'il l'ait été à titre uni-

versel ou à titre particulier, elle ne varie point.
Mais il y a une distinction à établir, relativement
aux donations que le convolant aurait faites à son
nouvel époux avant leur mariage; si ce mariage
était projeté lorsque la donation a eu lieu, il y a de
fortes présomptions pour qu'elle n'ait été faite
qu'en vue de cette union future, et elle tombera en
conséquence sous le coup de l'art. 1098; si, au contraire, aucun projet de mariage n'existait entre les
parties à l'époque de la donation, elle restera soumise à l'art. 913, c'est-à-dire au droit commun.
C'est, comme on le voit, une pure question de fait
qu'on devra décider d'après les circonstances.

On trouve au titre du contrat de mariage
deux articles relatifs à la matière qui nous occupe
en ce moment, et qui transforment pour l'hypothèse spéciale des secondes noces, en avantages su-
jets à réduction, certaines opérations qui ne sont
considérées par le Code en toute autre hypothèse
que comme des actes à titre onéreux : ce sont les
art. 1496 et 1527, dont voici la teneur :

Article 1496. « ... Si toutefois la confusion du
mobilier et des dettes opérait, au profit de l'un des
époux, un avantage supérieur à celui qui est autorisé par l'art. 1098, au titre des *donations entre-vifs
et des testaments*, les enfants du premier lit auront
l'action en retranchement. »

Article 1527. « ... Néanmoins, dans le cas où il y
aurait des enfants d'un précédent mariage, toute
convention qui tendrait, dans ses effets, à donner

à l'un des époux au delà de la portion réglée par
l'art. 1098, au titre des *donations entre-vifs et des
testaments*, sera sans effet pour tout l'excédant de
cette portion ; mais les simples bénéfices résultant
des travaux communs et des économies faites sur
les revenus respectifs, quoique inégaux, des deux
époux, ne sont pas considérés comme un avantage
fait au préjudice des enfants du premier lit. »

Ainsi, d'après le premier de ces deux articles,
lorsque les apports des époux mariés sous le régime
de la communauté légale sont inégaux, l'avantage
qui résulte pour l'un des époux de cette inégalité
est soumis à la restriction de l'art. 1098 : soit une
femme dont la fortune mobilière est de 200,000 fr.
et un mari dont tout l'avoir, consistant en immeubles, reste en dehors de la communauté. Lors
du partage de cette communauté, la somme de
100,000 fr. qui représente la part du mari sera réduite aux limites de la quotité disponible de l'article 1098, si elle les excède : la même réduction
s'opérerait au cas où le passif de l'un des époux
étant tombé dans la communauté, la libération
partielle qui résulterait pour lui de cette opération
dépasserait en profit la part d'un enfant le moins
prenant.

Aux termes du second article, toutes les conventions tendant à modifier les règles ordinaires de la
communauté, et créant en faveur de l'un des époux
un avantage sur l'autre, telles que la clause d'ameu-
blissement, le préciput conventionnel, les clauses

assignant aux époux des parts inégales dans la
communauté constituent au regard des enfants du
premier lit des avantages soumis à la quotité disponible de l'art. 1098. La loi ne pousse cependant pas
la sollicitude jusqu'à comprendre dans cette no-
menclature les bénéfices résultant des travaux
communs et des économies réalisées par les époux
sur les revenus de leurs biens, et, d'accord avec l'ancien droit, elle les considère quelque considérables
qu'ils puissent être, comme des avantages sans caractère gratuit et devant rester en dehors de toute
réduction.

Lorsque les enfants du premier lit ont demandé
la réduction des libéralités excessives faites au second époux, les enfants du second lit profiteront-
ils de cette réduction et prendront-ils leur part de
cet excédant? La jurisprudence des pays de droit
écrit répondait autrefois négativement à cette question, en vertu de la Novelle XII, chap. 27 ; mais aujourd'ui il faut répondre sans hésiter que ce droit
appartient sans conteste aux enfants du second
lit. Le partage entre enfants du même père ou de la
même mère doit être égal, au moins par sa nature:
pour que les parts deviennent inégales, il faut que
le testateur ait manifesté formellement sa volonté
à cet égard, ce que nous ne rencontrons pas ici.
L'art. 1098 est une protection accordée aux enfants
du premier lit contre les libéralités exagérées auxquelles leur auteur peut se laisser entraîner envers
son nouveau conjoint, mais il ne constitue pas pour

eux un privilége, et ce serait détourner la loi de son
véritable but que de leur attribuer exclusivement
le bénéfice de ce retranchement.

Cette doctrine ne rencontre point du moins à
notre connaissance de contradicteurs parmi les
commentateurs du Code; mais une très-vive controverse s'élève sur le point de savoir si les enfants
du second lit qui partagent avec ceux du premier
lit le bénéfice de la réduction peuvent exercer eux-
mêmes l'action en retranchement lorsque ces derniers restent inactifs.

Un grand nombre d'auteurs pensent que cette
faculté leur appartient : il serait bizarre, disent-ils,
que la loi qui leur accorde le droit de partager avec
leurs frères le bénéfice de la réduction, leur refusât
le moyen d'arriver à l'exercice de ce droit : accorder
d'une main et retirer de l'autre, c'est là une inconséquence trop grave pour en taxer si légèrement la
loi; il y a plus, car refuser aux enfants du second
lit l'action en retranchement, c'est faciliter singulièrement la collusion des enfants du premier lit
avec le conjoint, à leur grand préjudice et au mé-
pris de la règle qui exige que le partage soit égal
entre frères, s'il n'en a été disposé autrement par
le *de cujus* (1).

Nous ne croyons pas, en présence des termes de

(1) M. Demolombe, *Traité des donations*, t. VI, n° 602 ; Zachariæ,
Aubry et Rau, t. V, p. 631; Mourlon, t. II, p. 453; M. Colmet de Santerre, t. IV, n° 278 *bis*, X.

l'art. 1496, devoir admettre cette manière de voir;
cet article dit en effet : « Les enfants du premier lit
de l'autre époux auront l'action en retranchement, »
c'est-à-dire que les autres enfants ne pourront pas
l'exercer, et cette solution n'a rien, à notre avis,
que de très-justifiable.

Nous reconnaissons à ces enfants le droit de partager avec leurs frères la valeur dont la donation
faite à l'époux excède la quotité disponible; ils auront, à cet effet, une action contre leurs cohéritiers,
parce que le principe de l'égalité du partage ne doit
pas être violé; mais de quel droit demanderaient-
ils à exercer eux-mêmes l'action en retranchement?
Est-ce en leur faveur que la réserve de l'art. 1098 a
été établie? n'est-ce pas en faveur des seuls enfants
du premier lit, et dès lors, comment pourraient-ils
venir critiquer une libéralité excessive qui n'a pas
été limitée par la loi à leur profit?

On objecte qu'il est étrange de faire dépendre le droit des enfants du second lit de la volonté de ceux du premier; nous n'admettons pas
cette objection qui nous semble renfermer une véritable pétition de principes : comment en effet le
droit des enfants du second lit pourra-t-il être
anéanti par la renonciation des enfants du premier,
puisque ce droit n'existe qu'autant que ces derniers
consentent à exercer l'action en retranchement?

Quant à l'argument tiré de la facilité avec laquelle, grâce à notre système, les enfants du second
lit colluderont avec l'épouse, il nous toucherait da-

vantage, pas assez cependant pour nous faire croire
que l'idée que nous défendons en ce moment n'est
das celle du Code, ainsi qu'il ressort clairement de
la fin de l'article 1496, que nous avons citée plus
haut. Au surplus, en cas de collusion prouvée, il
sera toujours loisible aux enfants du second lit
d'obtenir du juge l'action en retranchement dont
les enfants du premier lit refusent frauduleusement
de se servir : *fraus omnia corrumpit* (1).

SECTION V

COMBINAISON DU DISPONIBLE ORDINAIRE AVEC LE DIS-PONIBLE SPÉCIAL ENTRE ÉPOUX

Nous arrivons à la partie de notre étude la plus
féconde en difficultés : c'est la combinaison de la
quotité disponible spéciale aux époux tel que l'établit l'art. 1094 avec la quotité disponible ordinaire
des art. 913 et suivants : la loi, ayant gardé sur ce
point un silence absolu, il faut y suppléer par l'ensemble des règles posées par elle, et ce n'est qu'à
tâtons et qu'après s'être heurté à de nombreuses

(1) Marcadé, sur l'art. 1098, n° 5; M. Boutry, *Essai sur l'histoire des donations entre époux*, n° 451.

controverses que l'on peut arriver à présenter sur cette matière une théorie complète et conforme à l'esprit général du Code.

Il est toutefois un point sur lequel le doute ne pourrait s'élever : à la question de savoir si les deux quotités disponibles des art. 913 et 1094 peuvent être cumulées, il n'est pas permis de répondre autrement que négativement : la Cour d'Agen seule a, dans un arrêt du 27 août 1810, admis le cumul de ces deux disponibles : mais c'est là une décision isolée et du reste absolument injustifiable. Dire en effet pour soutenir l'existence du cumul que l'époux et l'étranger en recevant chacun la quotité disponible établie à leur profit, ne prennent que ce que la loi leur accorde, c'est oublier complétement qu'en face de la quotité disponible se trouve la réserve et que lorsque la loi déclare par exemple que la personne qui laisse un enfant ne peut disposer par acte entre-vifs ou par testament que de la moitié de ses biens, c'est comme si elle disait que l'enfant ne peut être privé de la moitié des biens de son auteur. Au reste dans certains cas, le cumul, s'il était permis, conduirait à l'absurde : ainsi lorsque le disposant n'a laissé que des ascendants d'une seule ligne le disponible de droit commun comprenant trois quarts en propriété, et le disponible spécial comprenant trois quarts en propriété, et un quart en usufruit, la réunion de ces deux disponibles formerait un tout supérieur au patrimoine, un entier qu'il faudrait diviser en sept quarts !

Il est une seconde règle qui nous paraît au moins aussi indiscutable que celle-là, c'est qu'aucun des donataires ne peut rien recevoir au-delà de la qualité disponible qui lui est propre ; il nous semble qu'avec ces deux principes la loi est bien certaine de n'être jamais violée : si d'un côté en effet la réserve n'est jamais entamée, et si de l'autre la quotité disponible n'est jamais dépassée, qui sera donc en droit de se plaindre ?

Il faut cependant compter avec un troisième principe admis par la jurisprudence et par un certain nombre d'auteurs, en vertu duquel l'étranger ne pourra jamais profiter de l'augmentation de la quotité disponible que la loi a établie en faveur de l'épouse ; c'est-à-dire qu'il faudra examiner l'ordre chronologique des libéralités et n'autoriser la disposition du plus fort disponible qu'autant que la donation faite à l'épouse n'aura pas été antérieure à celle faite à l'étranger.

Lorsque la quotité disponible ordinaire est égale à la quotité disponible spéciale aux époux, il est bien certain que l'application de cette règle ne pourra pas avoir lieu; il faut en dire autant du cas où la disposition faite en faveur du conjoint est postérieure à la disposition faite en faveur de l'étranger : ainsi lorsque le disposant qui laisse trois enfants, après avoir donné à l'un d'eux par préciput et hors part, le quart de ses biens en propriété, aura fait don à son époux d'un quart en usufruit, ces deux dispositions devront sans aucun doute rece-

voir leur exécution : refuser en effet au conjoint le
droit de garder ce quart en usufruit, serait violer
ouvertement l'art. 1094 qui établit une quotité
disponible spéciale aux époux. On a objecté, il est
vrai, que le supplément de disponible que cet article ajoute au disponible de droit commun est un
accessoire de celui-ci, et que l'époux ne peut disposer en faveur de son conjoint de cet accessoire
qu'autant qu'il dispose aussi en sa faveur de la
quotité disponible principale; mais cette théorie
de l'unité et de l'indivisibilité de la quotité disponible de l'art. 1094 n'a trouvé grâce ni devant la
jurisprudence, ni devant la doctrine.

Lorsque les deux libéralités ont été simultanées
contenues par exemple dans le même testament,
la même solution doit être donnée. Supposons que
le prémourant est décédé sans enfants et ne laissant
comme héritier réservataire que son père; il a légué
à un étranger les trois quarts de ses biens et à son
conjoint l'usufruit du quatrième quart; ces deux
legs devront être exécutés en leur entier; sur quoi
le père pourrait-il en effet se fonder pour demander
la réduction? l'étranger a-t-il reçu plus qu'il ne
pouvait recevoir? l'époux a-t-il été avantagé au-
delà des limites assignées par la loi aux libéralités
de son conjoint? Si la réduction était admise, aux
termes de l'art. 926, elle devrait avoir lieu au marc
le franc, et les donataires se verraient réduits à
des portions inférieures à celles auxquelles leur
donnent droit les art. 913 et 1094. C'est en vain

qu'on objecte que l'une des dispositions a nécessairement précédé l'autre dans le testament ou même
qu'elles ont pu être contenues dans deux testaments différents ; on répond victorieusement à cela
que la différence des dates ne peut témoigner d'aucune préférence de la part du testateur, dans des
actes qui n'auront tous finalement, quant à leurs effets, qu'une seule et même date, celle de son décès (1).

Nous arrivons à une troisième hypothèse, celle
où la donation faite en faveur de l'époux a précédé
la donation faite à l'étranger, c'est-à-dire à toute
autre personne qu'à l'époux : un homme meurt
laissant trois enfants ; il a donné à son épouse le
quart de ses biens en pleine propriété, et plus tard
il fait don à l'un de ses enfants ou à un étranger
d'un quart en usufruit : cette seconde disposition
doit-elle être maintenue? c'est là le point le plus
controversé de cette délicate matière. La Cour de
cassation a constamment accordé aux réservataires
le droit de faire réduire cette seconde donation
comme excédant la qualité disponible, et voici les
deux principaux arguments sur lesquels repose sa
doctrine.

La quotité disponible a été fixée d'une manière
générale par les art. 913 et 915 : quant à l'art. 1094
il a établi une quotité nouvelle qui est spéciale à
l'époux : ce n'est que dans l'intérêt de ce dernier
que le disponible a été augmenté, et pour profiter

(1) M. Demolombe, t. VI, n° 519.

de cette augmentation, il faut nécessairement appuyer sa réclamation sur le titre d'époux : or que demande ici l'étranger? à profiter précisément de cette augmentation de disponible à laquelle il n'a aucun droit : vis-à-vis de lui en effet, le donateur en disposant du quart de ces biens en pleine propriété a épuisé toute la quotité disponible : il ne pourrait obtenir gain de cause qu'en invoquant l'art. 1094, et cet article n'a pas été écrit pour lui.

On ajoute que cette solution n'est pas moins conforme à l'intention probable du disposant qu'aux dispositions générales de la loi.

Le disposant a en effet à sa disposition un crédit ordinaire, une valeur fixée par l'art. 914 pour les libéralités plus considérables qu'il peut vouloir adresser à son conjoint : or, il est naturel de supposer que le disposant a voulu prendre la donation faite par lui sur le fonds ordinaire mis à sa disposition, plutôt que d'avoir recours au crédit extraordinaire qui lui est ouvert par l'art. 1094 : donc, par l'effet de sa volonté, sa première libéralité doit s'imputer sur le disponible de l'art. 913 et ce disponible étant ainsi absorbé. aucune autre libéralité ne peut être adressée à un étranger. Un certain nombre d'auteurs adoptent de concert avec la jurisprudence, le système que nous venons d'exposer et que nous allons maintenant essayer de réfuter (1).

---

(1) M. Troplong, t. IV, n° 2600 ; M. Duranton, t. IX, n°ˢ 794-796 ; Coin-Delisle. art. 1094, n° 16, etc.

Le premier argument consiste à dire, nous venons de le voir, que l'extension apportée par l'article 1094 au disponible ordinaire n'a été établi qu'en faveur de l'époux, et que dès lors aucun autre que l'époux n'a le droit de s'en prévaloir : nous comprendrions cela au cas où les valeurs qui se trouvent en dehors du disponible ordinaire seraient telles qu'elles ne pourraient être attribuées à un autre qu'à l'époux, si, par exemple, la loi avait fixé la disponible spécial aux époux à un quart en propriété plus un certain objet déterminé que l'époux seul pourrait recevoir; mais tel n'est pas le sens de l'art. 1094 : le quart en usufruit dont il augmente en faveur de l'époux la quotité disponible du droit commun, ce quart constitue une valeur indéterminée qui peut parvenir à tout donataire.

La présence de l'époux élève le disponible à un quart en propriété et un quart en usufruit : peu importe la façon dont le donateur a disposé de cette quotité, pourvu qu'aucun des donataires n'ait reçu plus que son disponible propre. La Cour de cassation admet du reste la doctrine que nous défendons en ce moment, pour le cas où la libéralité faite à l'étranger a précédé celle faite à l'époux : est-il dès lors bien logique de prendre une décision contraire pour le cas ou la donation adressée à l'époux a été antérieure à l'autre?

Qu'on examine en outre combien sont regrettables les effets pratiques du système de nos adversaires; si le père de famille était tenu d'imputer sur

le disponible ordinaire ce qu'il a tout d'abord donné
à son conjoint, il serait réduit à ne plus pouvoir
avantager ses enfants, et son autorité paternelle,
privée ainsi de l'un des moyens les plus efficaces de
récompenser ceux-ci et de les maintenir dans le devoir, se verrait diminuer d'autant. On lierait ainsi
les mains au père de famille, résultat assurément
plus déplorable que d'entamer la réserve des enfants
d'une valeur qui, après tout, n'est pas très-consi-
dérable.

Mais le père tenterait d'éviter ce danger, et pour
cela, il attendrait, avant, de faire à son conjoint la
libéralité qu'il a projetée, que ses enfants soient nés
et même qu'ils aient un peu avancé en âge; il re-
culerait ainsi progressivement le moment de cette
libéralité et la mort pourrait venir le surprendre
avant qu'il ait eu le temps de faire ses dernières dispositions; voilà les résultats pratiques du système
de la Cour de cassation : d'un coté il porte atteinte
à la puissance paternelle en enlevant au père de
famille les moyens de récompenser chez l'un de ses
enfants l'affection ou le dévouement; de l'autre, il
est préjudiciable à l'époux lui-même en retardant
quelquefois jusqu'à une époque ou elles ne peuvent
plus se produire les libéralités que son conjoint peut
vouloir lui adresser.

Le second argument consiste à dire, avons-nous
vu, que l'intention probable du donateur a été
de prendre la donation faite à son conjoint sur la
quotité disponible de l'art. 913 et que, dès lors que

ce fonds a été épuisé, l'étranger n'a plus rien à
attendre de la générosité du disposant. Nous croyons
au contraire que cette intention qu'on prête très-
gratuitement au donateur n'est rien moins que
probable; il n'est pas en effet dans la nature
humaine de restreindre volontairement sa liberté
et de choisir sans y être contraint un mode de disposer qui lie absolument les mains pour l'avenir.

Cette considération, si elle était de quelque poids
dans l'hypothèse où le donateur a disposé d'une
quotité déterminée, se trouverait du reste entièrement dénuée de portée lorsque la donation consis-
terait en un objet particulier : ajoutons qu'en matière de réserve et de quotité disponible, la volonté
du donateur ne saurait être interprétée d'une façon
bien exacte, puisque les dispositions de la loi ont
précisément pour but de la modifier et de l'en-
traver.

Si l'on invoque l'intérêt des réservataires, nous
répondrons que cet argument n'est au fonds qu'une
critique de l'extension apportée par l'art. 1094 à la
quotité disponible de l'art. 913; nos adversaires ad-
mettent en effet notre solution lorsque la donation
faite à l'étranger a précédé la donation faite à l'é-
poux : on comprendrait difficilement que l'intérêt
des réservataires fût plus respectable dans une
hypothèse que dans l'autre : donc même à leur point
de vue, la question est sans importance.

Nous avons vu tout à l'heure que la Cour de cassation, lorsque les libéralités, au lieu d'être succes-

sives étaient simultanées, lorsqu'il s'agissait par
exemple de libéralités testamentaires, admettait la
validité de ces dispositions, à la condition bien entendu que leur total ne dépassât point la quotité
disponible la plus élevée : c'est bien là reconnaître,
ce nous semble, que l'étranger profite de cette circonstance que son colégataire se trouve être le conjoint du testateur : la Cour de cassation ne s'est-tlle
pas mise en contradiction avec elle-même en aban-
donnant cette doctrine dans l'hypothèse qui nous
occupe, et en décidant que la date des donations et
l'antériorité d'une disposition sur l'autre serait décisive pour le maintien ou le rejet de la dernière?

En résumé, les deux règles qui, à notre sens, doi-
vect servir de guide en cette matière sont celles que
nous rappelions plus haut, à savoir que les deux quotités de l'art. 1094 et de l'art. 912 ne pourront être cumulées et qu'aucun des donataires ne pourrait recevoir au-delà du disponible qui lui est propre : et, en
effet, lorsque d'un côté la réserve n'est point entamée et que de l'autre les libéralités adressées à
l'époux ou à un étranger n'excèdent point la valeur
à laquelle leur donnent droit les articles précités,
sur quel principe peut-on victorieusement s'appuyer
pour demander la réduction de ces libéralités?

Il convient de mentionner un troisième système
qui se rapproche dans certaines hypothèses du
système de la jurisprudence et qui admet dans certaines autres celui que nous venons bien imparfai-
tement de défendre : d'après cette opinion intermé-

diaire, il faut distinguer si la donation qui a été adressée à l'époux a pour objet un droit de propriété ou si elle ne porte au contraire que sur un usufruit : dans le premier cas, elle doit être imputée sur la quotité disponible ordinaire de l'article 913 et si elle l'absorbe, la donation faite postérieuremeut à un étranger sera nulle; dans le second, elle doit être imputée sur la quotité disponible de l'art. 1094 et elle laisse intacte celle de l'art. 913.

Ce système quoique soutenu par d'éminents jurisconsultes ne nous paraît pas devoir être admis : il accepte la donnée de la Cour de cassation pour certains cas déterminés, et dès lors il tombe sous le coup des objections que nous venons de soulever contre cette doctrine et se met en désaccord avec le principe que nous avons posé quelques lignes plus haut et qui nous paraît devoir embrasser toutes les hypothèses : en second lieu, il établit entre les dispositions d'usufruit et celles qui ont pour objet la pleine propriété des différences qui nous paraissent arbitraires et qui ne ressortent nullement, à notre avis, des textes que le Code consacre à ces matières de la quotité disponible et de la réserve.

CHAPITRE III

Après avoir étudié dans l'art. 1096 le caractère
et la nature des donations entre époux et dans les
art. 1094 et 1098 la quotité disponible qui leur est
propre, nous nous trouvons maintenant en face de
l'art. 1099 qui contient la sanction de ces règles :
cet article est ainsi conçu :

« Les époux ne pourront se donner indirectement
au-delà de ce qui leur est permis par les dispositions
ci-dessus. »

« Toute donation, ou déguisée, ou faite à des personnes interposées, sera nulle. »

Il s'est élevé quelques dissidences sur la question
de savoir si la portée de cet article était générale,
et si elle visait en même temps que l'article 1098,
les art. 1095 et 1096 : il nous paraît difficile de soutenir la négative, en présence des termes aussi généraux que possible dont se sert notre art. 1099 :
cet article parle en effet des époux, et ne se réfère
pas à l'hypothèse particulière de l'époux qui, ayant
des enfants d'un premier lit, a contracté un second

et subséquent mariage : en outre, ces expressions
« *dispositions ci-dessus* » comprennent bien certainement toutes les dispositions dont il vient d'être
fait mention, aussi bien celles des art. 1094 et 1096,
que celles relatives aux droits de l'époux en présence des enfants d'un premier lit.

Mais notre art. 1099 donne lieu dans son application
tion à des controverses très-vives et qui n'ont pas
donné naissance à moins de quatre systêmes :
comme on vient de le voir, il se compose de deux
propositions et examine successivement le sort des
donations indirectes et celui des donations déguisées ou faites à des personnes interposées ; il déclare les premières réductibles, et prononce la nullité pour les secondes. Est-ce à dire que les donations
dissimulées devront être annulées, lors même
qu'elles n'excéderaient point la quotité disponible ?

Dans une première opinion, on se refuse à admettre cette doctrine, et on ne veut voir aucune
différence entre les donations dissimulées et les donations indirectes : les unes et les autres, dit-on,
sont valables lorsqu'elles restent au deçà de la quotité disponible où qu'elles l'atteignent sans la dépasser, et seulement réductibles lorsqu'elles l'excèdent. L'expression de donations indirectes est
générale, ajoutent les partisans de ce système, et
elle embrasse toutes les donations qui sont faites en
dehors des règles prescrites par les articles spéciaux
à cette matière : le second alinéa qui parle de donations déguisées ne joue par rapport au premier

que le rôle de l'espèce vis-à-vis d'un genre, et la loi en déclarant nulles ces libéralités entend dire seulement qu'elles ne seront nulles que pour la valeur dont elles excéderont la quotité disponible : c'est ainsi que dans l'art. 918, la loi déclare seulement réductibles des donations dissimulées pourtant sous l'apparence d'actes à titre onéreux.

Enfin l'édit des secondes noces ne distinguait pas entre les libéralités indirectes et les libéralités dissimulées, et il n'y a pas lieu de croire que le Code ait voulu innover sur ce point (1).

D'après un second système, il faut distinguer si la donation déguisée excède ou non la quotité disponible : dans le premier cas, elle est nulle pour le tout, et non pas seulement réductible, comme le serait une donation indirecte, dans le second, elle est valable (2).

Quelques jurisconsultes proposent une distinction d'un autre genre : d'après eux il faut s'attacher à la seule volonté du disposant : la libéralité a-t-elle été faite dans le but d'excéder la quotité disponible? elle est nulle pour le tout, alors même qu'elle n'atteindrait pas cette quotité disponible : rien ne révèle-t-il au contraire dans la pensée du disposant l'intention de frauder la loi? la donation est valable, et si elle dépasse la quotité disponi-

(1) M. Duranton, t. IX, n° 831 ; Coin-Delisle, art. 1099, n° 11.
(2) M. Dalloz, 1837, II, I ; M. Troplong, t. IV, n° 2744.

ble, elle ne sera que réduite et non annulée (1).

Enfin d'après un quatrième système que nous croyons devoir adopter, on décide que, conformément au texte de la loi, la libéralité déguisée ou faite à des personnes interposées, est nulle sans qu'il y ait à distinguer si elle excède ou non la quotité disponible (2).

Et d'abord, nous contestons absolument la proposition des partisans du premier système d'après laquelle les donations déguisées seraient comprises dans l'expression générale de donations indirectes dont se sert d'abord la loi : toute donation dissimulée est indirecte, c'est vrai, mais la réciproque n'est pas exacte : autre chose est, par exemple, de renoncer à un legs en faveur d'un colégataire qui n'est autre que mon conjoint, et de donner les apparences d'un acte onéreux à une libéralité que je lui adresse : dans un cas, la libéralité, quoiqu'indirecte, est ostensible, elle ne se cache point ; dans l'autre au contraire, le donateur témoigne bien de l'intention où il est de frauder la loi de se soustraire à ses dispositions : on comprend à merveille la différence que le Code établit entre ces deux situations : à celui qui agit en plein jour, qui ne tente pas de dissimuler ses actes pour enfreindre plus

---

(1) Delvincourt, t. II, sur l'art. 1098 ; MM. Aubry et Rau, t. V, pp. 624-625.

(2) M. Demolombe, t. VI, pp. 615 et suiv. ; M. Colmet de Santerre, t. IV, n° 279 *bis*, II.

aisément les règles restrictives de la quotité disponible, il se contente d'appliquer le droit commun,
c'est-à-dire la réduction:mais il annule impitoyable-
ment les actes accomplis dans l'ombre et au moyen
desquels leur auteur a essayé de tourner frauduleusement la loi : encore une fois, il est logique, il
est équitable que le donateur qui agit loyalement et
celui qui se cache soient traités différemment.

Le texte de l'art. 1099 confirme pleinement notre
dire : qui ne s'aperçoit en effet à sa première lec-
ture que les deux alinéas sont opposés l'un à l'autre
et que le législateur a voulu rendre précisément
plus flagrante l'antithèse que nous signalons? nos
adversaires prétendent que le second alinéa n'est
que la reproduction du premier et en parlant ainsi,
ils adressent implicitement au rédacteur de l'article 1099 deux graves reproches : le premier c'est
d'avoir écrit ce second alinéa, qui, s'il n'était que la
répétition du premier, serait, on en conviendra,
parfaitement inutile : le second, c'est de l'avoir
écrit dans des termes tout à fait impropres, et
d'avoir employé inconsidérément ici le mot *nulles*
pour *réductibles*, alors que partout où il avait eu à
traiter de questions analogues, notamment dans
les art. 920 à 930, 1496, 1527, il s'était bien gardé
de faire une semblable confusion. Nous préférons
croire que le législateur n'a point commis la faute
de rédaction qu'on lui prête si gratuitement, qu'il
connaissait à merveille le sens des expressions dont
il se servait, et qu'il ne lui était guère aisé de ren-

dre plus clairement sa pensée qu'en faisant ressortir
comme il l'a fait la différence qui existe entre les
libéralités indirectes et les libéralités dissimulées.

On nous oppose une objection tirée de l'art. 918 :
cet article décide que certaines donations déguisées
sont seulement réductibles et on prétend en tirer
la preuve que les donations déguisées ne sont
jamais nulles, et qu'elles ne sont soumises, comme
les autres, qu'à la réduction en cas d'excès : nous
n'acceptons nullement cette conséquence et nous
répondrons que si la loi annule les donations dissimulées entre époux, c'est qu'elle en redoute davantage l'abus que de celles qui ont lieu entre les personnes dont parle l'art. 918 : *Lex arctius prohibet
quod facilius fieri potest.*

On objecte enfin que l'Edit des secondes noces ne
faisait aucune différence entre les libéralités indirectes et les libéralités déguisées, et qu'il y a lieu
de croire que le Code a suivi la même ligne de con-
duite : cet argument nous paraît plus particulièrement faible : sans vouloir faire remarquer que si
l'édit se contentait de la réduction pour les avantages dissimulés, c'est que le danger était bien
moins à craindre sous sa législation, puisque les
donations entre époux pendant le mariage n'étaient
point alors autorisées, nous répondrons simplement que la meilleure preuve que le Code a entendu
innover sur ce point, c'est l'existence même de
l'art. 1099, dans les termes duquel nous persistons
à trouver une antithèse bien précise et bien claire

entre la sanction des libéralités indirectes et celle des libéralités déguisées.

Le second système, ainsi que nous l'avons vu plus haut, propose une distinction entre le cas où la libéralité déguisée excède la quotité disponible, et celui où elle reste dans les limites de cette dernière; nulle pour le tout dans la première hypothèse, elle serait valable dans la seconde : cette distinction ne ressort nullement des termes de la loi, et ce qu'elle a d'arbitraire suffirait seul à la faire rejeter : mais elle conduit en outre à des résultats parfaitement injustes. La loi veut réprimer une fraude; or, comme il faut attendre le décès du disposant pour savoir si la libéralité déguisée excède ou non la quotité disponible, on manquera absolument de preuve pour arriver à établir cette fraude qu'il faut punir : en effet dans l'intervalle qui s'est écoulé entre la donation et le décès du donateur, les biens de ce dernier ont pu diminuer ou s'accroître de telle sorte que la donation qui était révocable à sa date a pu devenir excessive, et que celle qui dépassait tout d'abord le disponible a pu se trouver renfermée plus tard dans les limites de la loi : et d'ailleurs, le donateur a pu se faire illusion sur le chiffre de sa fortune et adresser à son époux une libéralité exagérée sans avoir eu nullement l'intention de frauder la loi.

C'est pour remédier aux vices de ce système, que certains auteurs décident qu'il y a lieu de s'en rapporter à la question de fait et d'examiner si, au moment où la donation a été faite, le disposant était dans l'intention bien arrêtée de frauder la loi et d'assurer l'existence de cette libéralité en la dissimulant. Mais ici encore, la preuve nous paraît extrêmement malaisée à faire, et nous repoussons cette troisième opinion comme nous avons repoussé les deux autres parce qu'elle nous paraît contraire au texte absolu de l'art. 1099, lequel n'admet ni nuances ni distinctions.

Nous allons nous occuper maintenant dans deux sections séparées de la réduction des libéralités indirectes et de la nullité des libéralités déguisées.

SECTION PREMIÈRE

DE LA RÉDUCTION DES DONATIONS ENTRE ÉPOUX DIRECTES OU INDIRECTES

Lorsque l'époux est le seul donataire, il n'y a aucune difficulté : la réduction s'effectue vis-à-vis de lui suivant les règles ordinaires. Lorsque les libéralités excessives consistent en usufruit, l'époux a, selon nous le droit d'invoquer le bénéfice de l'art. 917 : nous le considérons, en effet, comme toujours au moins aussi bien traité qu'un étranger.

Les difficultés surgissent lorsque le disposant a avantagé en même temps son conjoint et des étrangers, et que le montant de ces libéralités excède la quotité disponible : il y a alors plusieurs hypothèses à considérer. Les donations adressées à l'étranger ont-elles des dates différentes? Celle faite à l'époux est-elle par exemple antérieure à celle faite à l'étranger? Si la première donation a eu lieu pendant le mariage, il convient d'examiner si elle n'a pas été révoquée par la seconde. C'est une question de fait à décider, et dans l'affirmative, on ne se trouve plus en présence que d'une seule donation qui sera maintenue ou réduite suivant qu'elle restera ou non dans les limites de la quotité disponible.

Lorsque les deux donations sont irrévocables, si aucune d'elle ne dépasse le disponible qui lui est propre, mais que leur total excède le plus fort disponible, on suivra les règles ordinaires et la seconde donation subira seule la réduction. Lorsque la première donation faite à celui qui n'a droit qu'au disponible le plus faible excède ce disponible, et que la seconde, inférieure à son propre disponible, excède le disponible le plus fort précisément en raison de l'excès de la première donation, celle-ci sera seule réduite.

Le calcul est singulièrement délicat, au cas où les deux libéralités sont simultanées : trois systèmes sont en présence.

D'après Toullier, il faudra tout d'abord transformer les valeurs en usufruit en valeurs en propriété, afin de n'avoir à opérer que sur des valeurs identiques. Les libéralités seront ensuite réduites au marc le franc, sur le pied du plus fort disponible. Soit un patrimoine de 80,000 fr., le *de cujus* a fait à sa femme un legs de 20,000 fr. à Pierre un second legs de 40,000 fr. et à Paul un troisième legs de 20,000 fr., il a laissé un seul enfant : la quotité disponible la plus forte est donc de 40,000 fr.; les legs, devant être réduits d'après ce plus fort disponible, subiront une réduction de moitié; la femme et Paul auront chacun 10,000 fr. et Pierre 20,000.

Le vice de ce système est évident; la femme (nous supposons que le *de cujus* ne l'avait épousée qu'en secondes noces et que son enfant était du premier lit) la femme, disons-nous, dont le disponible était le plus faible subira cependant la réduction d'après le disponible le plus fort, en sorte que la part des étrangers se trouvera ainsi indirectement diminuée.

Pour remédier à cet inconvénient, Delvincourt propose de réduire toutes les libéralités sur la base du disponible le plus faible; l'excédant est ensuite réparti au prorata de la valeur des legs entre tous les légataires qui ont droit au plus fort disponible. Ainsi, dans l'espèce que nous venons de prendre, le plus faible disponible étant celui de la femme qui est d'un quart, un premier calcul donnera les résultats suivants; la femme aura 5,000 fr., Paul 5,000 et Pierre 10,000. L'excédant qui est de

20,000 fr., sera ensuite réparti entre les deux étrangers ; Pierre obtiendra 13,333 fr. 33 cent. et Paul 6,666 fr. 66 cent.

Ce système qui a pour objet de porter remède à l'injustice que renferme celui de Toullier tombe dans un excès contraire et accorde trop aux étrangers et trop peu à l'époux ; car, après avoir fait concourir les légataires au marc le franc sur le plus petit disponible, il attribue exclusivement et au détriment du conjoint aux légataires privilégiés l'excédant du plus fort disponible sur le plus faible.

Marcadé est l'auteur d'un troisième système qui échappe, selon nous, aux inconvénients des deux premiers : il admet bien comme Delvincourt la réduction au marc le franc sur la base du plus faible disponible ; mais il diminue aussi provisoirement et pour les seuls besoins du calcul la libéralité faite au donataire le plus favorable ; puis on lui attribue exclusivement tout ce qui reste encore de disponible. On évite ainsi d'avantager le donataire privilégié en le faisant concourir sur le plus faible disponible dont il absorberait une trop forte partie, et d'un autre côté, on ne le prive en aucune façon de ce qui lui revient, puisqu'on lui restitue la valeur qui ne lui a été que provisoirement retirée.

Supposons que le donateur ait laissé un enfant du premier lit et qu'il ait adressé deux donations, l'une de la moitié de ses biens à l'étranger, l'autre du quart au nouvel époux ; les deux donataires concourront d'abord sur le quart qui est le disponible le plus faible, puis, l'étranger prendra l'autre quart auquel il a seul droit ; il aura ainsi 9/24, et l'époux 3/24.

Supposons encore que le donateur ayant laissé trois enfants, a légué à un étranger le quart de sa fortune, soit 10/40 et à son conjoint un autre quart en pleine propriété plus un quart en usufruit, soit 15/40 ; le plus faible disponible est représenté ici par 10/40 ; nous partagerons donc cette fraction entre les deux légataires, et nous ajouterons à la part de l'époux le quart en usufruit auquel il a seul droit ; l'étranger aura ainsi 5/40 et l'époux 10/40. Ce mode de calculer, tout en respectant parfaitement les principes, assure à chacun des légataires la part de disponible à laquelle il a droit.

M. Boissonade a apporté à ce système une amélioration sensible en indiquant un moyen facile et pratique d'opérer la réduction sans être obligé de recourir à des estimations souvent peu sûres et toujours malaisées pour fixer la valeur des libéralités en usufruit. Voici en quoi elle consiste ; on commence par prélever au profit du légataire le plus favorable la portion de disponible qu'il peut seul recevoir, soit en propriété, soit en usufruit ; cela fait, on procède à la réduction au marc le franc, d'après le disponible restant et qui est devenu réellement commun.

SECTION II

DE LA NULLITÉ DES DONATIONS DÉGUISÉES OU FAITES A DES PERSONNES INTERPOSÉES

Les donations déguisées sous l'apparencs d'un acte à titre onéreux ou faites à des personnes interposées sont nulles, ainsi qu'il résulte du second alinéa de l'art. 1099.

Cette nullité est-elle absolue, ou ne constitue-t-elle qu'une simple annulabilité ? un assez grand nombre d'auteurs tiennent pour la seconde proposition et décident en conséquence que la donation ainsi dissimulée ne pourra être attaquée que par les seuls héritiers réservataires, et que ceux-ci devront intenter leur action dans le délai de dix ans, conformément à l'art. 1304.

Cette doctrine ne nous paraît pas rentrer dans les véritables vues de la loi ; il y a en effet dans l'art. 1099 une véritable sanction pénale dirigée contre ceux qui, par des moyens détournés, essayent d'échapper aux règles d'indisponibilité et de révocabilité des donations entre époux ; ces règles sont d'ordre public, et touchent en outre à la forme de ces libéralités ; or, il est de principe que lorsqu'une donation est déclarée nulle pour vice de forme ou pour une raison intéressant l'ordre public, cette nullité est absolue. Nous en concluons donc que la nullité de l'art. 1099 pourra être invoquée non-seulement par les héritiers à réserve, mais encore par le donateur et par ses créanciers sans qu'ils aient besoin de recourir à l'art. 1167, en un mot par toute personne intéressée; elle sera de plus susceptible d'être invoquée à toute époque, et ni le temps ni la ratification ne pourront effacer le vice original dont la donation dissimulée est atteinte.

Ce sera à la partie qui allègue qu'une donation a été déguisée sous l'apparence d'un acte à titre onéreux, à prouver son dire; la loi n'a point établi de présomptions légales, et elle autorise entre époux tous les contrats, sauf la vente qui n'est permise que dans les trois hypothèses énumérées par l'art. 1595, et l'échange, par application de l'art. 1707.

Il en est autrement pour les interpositions de personnes et l'art. 1100 contient à cet égard certaines présomptions spéciales aux époux; cet article est ainsi conçu : « Sont réputées faites à personnes interposées les donations de l'un des époux aux enfants, ou à l'un des enfants de l'autre époux issus d'un autre mariage, et celles faites par le donateur aux parents dont l'autre époux sera l'héritier présomptif au jour de la donation, encore que ce dernier n'ait point survécu à son parent donataire ».

La présomption s'attache seulement aux enfants

du donataire issus d'un autre mariage et n'atteint point les enfants communs. Cette différence est parfaitement rationelle. La donation adressée aux enfants communs se justifie par les liens étroits d'affection qui unissent ceux-ci au donateur, et si la loi avait voulu voir dans cet acte une libéralité déguisée, et nulle par conséquent, elle aurait empêché les père et mère de faire à leurs enfants des donations destinées à les doter et à les établir, et n'aurait ainsi évité un mal que pour tomber dans un pire. Mais lorsque le donateur avantage les enfants que son conjoint a eus d'un précédent mariage, cette générosité devient à bon droit suspecte, et il y a tout lieu de croire que le donateur n'a eu d'autre but, en agissant ainsi, que de faire parvenir à son conjoint une libéralité supérieure à celle qu'il lui pouvait faire d'après l'art. 1098.

Les enfants naturels et adoptifs du conjoint doivent être à *fortiori* considérés comme personnes interposées entre l'époux donateur et l'époux donataire. Les présomptions de l'art. 1100 sont invincibles, et les intéressés qui demanderaient à prouver que dans une espèce donnée, elles portent à faux et que le véritable donataire était bien celui auquel était adressée ouvertement la donation ne serait point écoutés; l'art. 1352 dit en effet que « Nulle preuve n'est admise contre la présomption de la loi, lorsque sur le fondement de cette présomption, elle annule certains actes ».

Ainsi, la partie intéressée ne pourrait point faire

interroger sur faits et articles les héritiers récla-
mants, afin d'obtenir de leur aveu le maintien de
la libéralité ; elle ne pourrait pas non plus, du
moins selon nous, déférer le serment au donateur
et à ses héritiers : Les art. 1339 et 1340 s'y opposent formellement. D'après le premier de ces articles en effet, la donation nulle ne peut être rendue
valable au moyen d'un acte confirmatif, il faut
pour cela qu'elle soit refaite en la forme légale :
d'après l'art. 1340, les héritiers peuvent renoncer
au droit qu'ils ont d'opposer aux donataires tous
vices de forme, ou toute autre exception, mais il
faut que cette renonciation soit volontaire, et spon-
tanée et elle cesserait de l'être si elle était provo-
quée par le serment. En un mot, l'art. 1100 contient pour les héritiers du donateur un droit absolu
et la seule chose qui puisse le leur faire perdre,
c'est leur propre volonté.

La seconde classe de personnes auxquelles s'applique la présomption d'interposition comprend
les parents dont l'autre époux sera héritier présomptif au jour de la donation, encore que ce
dernier n'ait point survécu à son parent donataire :
il faut ajouter que la présomption n'existe pas si
l'époux en fait a succédé au donataire, pourvu
qu'il ne fût pas son héritier présomptif au moment
de la donation ; le texte ne parle que de la survie
du donataire à l'époux du donateur, mais il est
bien certain que le résultat serait le même si au
lieu d'être mort avant le donataire dont il était

l'héritier présomptif, il avait renoncé à sa succession ou en avait été écarté comme indigne : toute la
question est de savoir si l'époux du donateur était
au moment de la donation, l'héritier présomptif
du donataire.

Si la donation, au lieu d'être adressée au père du
conjoint, l'était à son aïeul, la présomption d'interposition existerait-elle encore ? on répondait
affirmativement dans l'ancien droit : mais quelque bonne raisons qu'il y eût de prononcer
la nullité de la donation dans cette hypothèse, les
présomptions de la loi étant de droit étroit surtout lorsqu'il s'agit de frapper un acte de nullité, il
faut décider que la présomption légale de l'art. 1100
ne saurait être invoquée ici.

La nullité des donations déguisées sous l'apparence d'actes à titre onéreux ou faites à des personnes
interposées doit être admise, alors même qu'il
n'existe point d'héritiers réservataires, car l'art. 1099
a pour but de faire respecter non-seulement les
règles de la réserve, mais encore le principe de la
révocabilité des donations entre époux, et si le disposant n'a point laissé d'ascendants ni de descendants, cette circonstance toute fortuite n'empêche
pas que la donation dissimulée qu'il a adressée à
son conjoint n'ait été faite en fraude des dispositions de la loi.

Les présomptions légales de l'art. 1100 ne sont
pas les seules que reconnaisse la loi, et les héritiers

du donateur devront toujours être écoutés lorsqu'ils demanderont à prouver que telle personne qui n'est point comprise dans son énumération a joué vis-à-vis de l'époux du donateur le rôle de personne interposée.

POSITIONS

—

DROIT ROMAIN

I. — La prohibition des donations entre époux est postérieure à la loi Cincia.

II. — Entre époux, la donation à cause de mort, quoique faite sous condition résolutoire, ne transférait la propriété qu'au décès du donateur, mais alors son effet rétroagissait au jour de la donation. Toutefois la rétroactivité n'avait pas lieu quand elle pouvait entraîner la nullité de la donation elle-même.

III. — La défense faite au mari d'abandonner à sa femme les fruits et intérêts dotaux avait pour cause la destination de la dot, et non la prohibiion des donations entre époux.

IV. — L'acceptilation faite par l'époux créancier à l'époux débiteur est absolument nulle, tant à l'égard du débiteur qu'à l'égard de ses *correi pro-mittendi*. L'acceptilation faite aux *correi* de l'époux débiteur ne le libérait pas, à moins qu'il n'y eût société entre les co-débiteurs.

V. — Dans deux cas, l'usucapion du fonds ap-partenant à l'un des époux par l'autre époux est permise : 1º lorsque les deux époux ignorent que la propriété du fonds appartient à l'un d'eux ; 2º lors-que l'époux qui présent découvre seul ce droit de propriété. Elle est au contraire prohibée, lors-que les deux époux connaissent ce droit de pro-priété.

VI. — Le sénatusconsulte d'Antonius Caracalla s'appliquait aussi bien aux donations par promesse qu'aux autres donations.

DROIT FRANÇAIS

I. — Les donations entre époux pendant le ma-riage ont le caractère de donations entre-vifs et non celui de donations à cause de mort.

II. — Les donations de biens présents entre époux pendant le mariage ne deviennent pas cadu-ques par le prédécès du donataire.

III. — Les donations entre époux, même celle de biens à venir, sont réductibles à leur date.

IV. — Le révocation de la donation faite par l'époux donateur est opposable aux tiers acquéreurs des biens donnés.

V. — La quotité disponible de l'art. 1094, au cas où il y existe des enfants issus du mariage est extensive de celle de l'art. 913.

VI. — Lorsqu'il s'agit de donations en usufruit, le mode de réduction de l'art. 917, est applicable aux époux aussi bien qu'aux étrangers.

VII. — L'époux donataire ne peut être dispensé de donner caution pour la partie d'usufruit qui porte sur la réserve des héritiers.

VIII. — Lorsque la donation faite à l'époux renferme l'alternative de la loi d'un quart en propriété et un quart en usufruit ou de la moitié en usufruit, le choix appartient à l'héritier.

IX. — Si des libéralités ont été faites à l'époux et à un étranger, le disponible le plus fort peut toujours être épuisé, pourvu que chaque donataire ne reçoive que le disponible qui lui est propre, quelle que soit du reste la date de ees libéralités.

X. — En cas de convols successifs, l'époux remarié ne peut donner en tout à ses nouveaux conjoints
qu'une part d'enfant le moins prenant.

XI. — Les donations indirectes entre époux ne
sont que réductibles ; les donations déguisées sous
l'apparence d'un contrat à titre onéreux ou faites à
des personnes interposées sont nulles pour le tout.

XII. — L'action en réduction n'appartient
qu'aux enfants du premier lit, bien que le profit
de la réduction soit partagé entre ceux-ci et ceux
du second lit.

DROIT CRIMINEL.

I. — En matière correctionnelle les juges d'appel peuvent, sur l'appel *a minimâ* interjeté par
le ministère public, mitiger la peine ou même acquitter le prévenu, alors que ce dernier n'a point
appelé du jugement qui le condamne.

II. — Le complice du suicide n'est passible d'aucune peine : il en est autrement de celui, qui, sur
la prière d'une personne, lui donne la mort.

DROIT ADMINISTRATIF

I. — Le partage des biens communaux entre les habitants n'est pas interdit par la législation en vigueur.

II. — Le logement des curés et desservants est obligatoire pour les communes, lors même qu'il n'y aurait pas insuffisance des revenus de la fabrique.

Vu par le président de la thèse :

CH. BEUDANT.

Vu par le doyen,

COLMET-DAAGE.

VU ET PERMIS D'IMPRIMER

Le Vice-Recteur de l'Académie de Paris,

 A. MOURIER.

PARIS. — IMPRIMERIE F. PICHON, 14, RUE CUJAS.

www.ingramcontent.com/pod-product-compliance
Lightning Source LLC
Chambersburg PA
CBHW070532200326
41519CB00013B/3017